Sobre el li[bro]

Esta obra fue [...] Latinoamericanas de la Nueva Era. Aquí se presenta una visión general sobre una de las prácticas religiosas más hermosas y antiguas sobre la Tierra: la religión Wicca o brujería como es llamada en Latino América.

La primera parte describe la ideología y creencias de la religión Wicca, ofrece antecedentes históricos de las prácticas realizadas en diversos países de Europa, Asía y América. Además, contiene una explicación sobre los principios, las leyes y los rituales que continúan siendo la base principal de una religión profesada por millones de personas en la actualidad. Incluye las ceremonias de iniciación, invocaciones y diversos procedimientos mágicos empleados en los rituales Wicca.

La segunda parte del libro contiene información práctica sobre los nombres, los elementos utilizados durante la realización de los rituales y las ceremonias, así como una gran variedad de hechizos y recetas mágicas incluyendo sus ingredientes y preparación. También aborda temas sobre el significado y la utilización de la bola de cristal, el espejo mágico y las aplicaciones de los aceites, velas, pociones y gemas mágicas.

La autora

Migene González-Wippler nació en Puerto Rico. Licenciada en Psicología y Antropología por las universidades de Puerto Rico y Columbia. Ha trabajado como redactora científica para la Interscience Division de John Wiley, el Instituto Americano de Física y el Museo de Historia Natural Americano de Nueva York, y como redactora de inglés para las Naciones Unidas en Viena donde ha vivido durante muchos años.

Correspondencia a la autora

Para contactar o escribir a la autora, o si desea más información sobre esta publicación, envíe su correspondencia a Llewellyn Español para ser remitida a la autora. La casa editora y la autora agradecen su interés y comentarios en la lectura de este libro y sus beneficios obtenidos. Llewellyn Español no garantiza que todas las cartas enviadas serán contestadas, pero si le aseguramos que serán remitidas a la autora. Favor escribir a:

Migene González-Wippler
℅ Llewellyn Español
P.O. Box 64383, Dept. 0-7387-0205-6
St. Paul, MN 55164-0383 U.S.A.

Incluya un sobre estampillado con su dirección y $US1.00 para cubrir costos de correo. Fuera de los Estados Unidos incluya un cupón de correo internacional

EL LIBRO DE LAS SOMBRAS

MIGENE
GONZÁLEZ-WIPPLER

2003
Llewellyn Español
St. Paul, Minnesota 55164-0383, U.S.A.

PRIMERA EDICIÓN

Segunda impresión, 2003

Diseño de la portada: Kevin R. Brown

Diseño del interior: Alexander Negrete

Edición y coordinación general: Edgar Rojas

Ilustraciones del interior: Dpto. de Arte de Llewellyn

Library of Congress Cataloging-in-Publication Data.
Biblioteca del Congreso. Información sobre esta publicación.

González-wippler, Migene.
   El Libro de las Sombras / Migene González-Wippler. —1. ed.
   p.cm.
   Includes bibliographical references.
   ISBN 0-7387-0205-6
   1. Witchcraft. I. Title.

BF1566. G662002
133.4'3—dc21

2002016126

Llewellyn Español

Una división de Llewellyn Worldwide, Ltd.

P.O. Box 64383, Dept. 0-7387-0205-6

St. Paul, MN 55164-0383, U.S.A.

www.llewellynespanol.com

Impreso en los Estados Unidos de América

Si no haces daño a cualesquiera,
puedes hacer lo que tu quieras.

—Ley de Wicca.

DEDICACIÓN

Este libro esta dedicado a Gerald Gardner, Doreen Valiente, Alex Sanders, Herman Slater, Scott Cunningham y Sybil Leek —todos en el reino de la luz— por sus valiosas contribuciones al estudio de Wicca, por su visión, su sabiduría, su dedicación y su gran amor y respeto hacia la humanidad y las fuerzas vivientes de la naturaleza.

TABLA DE CONTENIDO

Tabla de contenido

INTRODUCCIÓN

*E*l *Libro de las Sombras* es el nombre del diario de una bruja, pero en realidad es más que un diario: es un compendio de todas las prácticas, creencias, rituales y hechizos de la religión conocida como Wicca o Brujería.

La palabra "brujería" siempre ha sido asociada con sortilegios, hechizos y todo tipo de magia a través de Latino América, pero en España, donde la Brujería fue practicada asiduamente desde la Edad Medía, es reconocida como lo que es, una religión basada en las creencias y prácticas mágico-religiosas de los antiguos celtas. El gran pintor aragonés Francisco Goya y Lucientes plasmó muchas de las prácticas de la Brujería celta en los dibujos en blanco y negro que pasaron a conocerse como *Caprichos*. La maquinaria infernal de la Inquisición Española, la más sanguinaria y feroz en toda Europa, persiguió y ultimó a miles de personas acusadas de practicar la Brujería en España. El mismo Goya fue sospechoso de simpatizar y tal vez de practicar la Brujería y sólo sus poderosos contactos con el rey Carlos IV lo salvaron de terminar en el garrote.

Introducción

Los celtas fueron unas tribus nómadas que se extendieron por toda Europa, incluyendo a Inglaterra, Francia, Alemania y España. Su religión estaba basada en la adoración de dioses identificados con las fuerzas de la naturaleza. Sus sacerdotes eran conocidos como *druidos*. Los celtas se expandieron por toda España alrededor del siglo I A.C. y su influencia fue tan poderosa que sobrevivieron la conquista de los Moros y los Visigodos.

Es de los celtas que Europa heredó la práctica de la religión conocida como *Wicca*, una palabra celta que significa sabiduría y que más tarde pasó a conocerse como Brujería. Inglaterra fue tan fuertemente impactada por Wicca que es tal vez el país donde más abiertamente se practica esta antigua religión en tiempos modernos.

España fue también grandemente influenciada por la religión celta cuyas prácticas fueron perseguidas y condenadas por la inquisición, empezando en 1478 y terminando en 1834. Los inquisidores eran escogidos por el Papa y casi todos eran monjes dominicos. El más cruel de todos estos inquisidores fue un monje dominico llamado Tomás de Torquemada, confesor y consejero espiritual de los reyes Fernando e Isabel, quienes fueron los creadores de la inquisición española. Ésta terminó extendiéndose hasta las Américas, notablemente México y Perú, donde tribunales locales de la inquisición ultimaron a miles de personas inocentes, acusadas de herejía y de hechicería.

El nombre papal de la inquisición era "Inquisición Romana y Santo Oficio". El Santo Oficio perduró hasta mediados del siglo XX, cuando el Papa Pablo VI, forzado por muchas quejas recibidas, le cambió el nombre a la Congregación de la Doctrina de la Fe. Tan poderosa fue la influencia de la inquisición en Europa, que la práctica de la Brujería estuvo prohibida en Inglaterra hasta 1951, más de un siglo después que el "Santo Oficio" cerrara sus sangrientas puertas.

Introducción

La Brujería en Europa se extendió hasta Italia, donde las brujas se conocen como "streggas". Aradia, uno de los nombres más conocidos de la Diosa Blanca de los brujos, proviene de la tradición de Wicca en Italia.

En 1954 un escritor inglés llamado Gerald Gardner publicó un libro titulado *La Brujería Hoy (Witchcraft Today)* donde alegaba haber sido iniciado en las prácticas de la "antigua religión" conocida como Wicca o Brujería por un convenio secreto de brujos. Aunque muchos estudiosos dudan las alegaciones de Gardner, su libro dio a conocer muchas de las prácticas y rituales de la Brujería, dando lugar a que muchos convenios de brujos fueran organizados a través de toda Inglaterra. Uno de los más famosos convenios basados en las enseñanzas de Gerald Gardner fue el creado por Alex Sanders, quien pasó eventualmente a ser conocido como el rey de los brujos. Muchos de los convenios de brujos que existen en Inglaterra y en los Estados Unidos están modelados alrededor de las enseñanzas de Gerald Gardner y de Alex Sanders.

Alrededor de 1960, las prácticas y creencias de Wicca o Brujería llegaron a los Estados Unidos, donde inmediatamente se extendieron a través de todo el país. La identificación de las fuerzas de la naturaleza con deidades sobrenaturales, las prácticas benignas asociadas con la Brujería, la belleza de sus rituales, el poder de su magia y su respeto hacia la naturaleza encontraron grandes simpatizadores entre los americanos, quienes estaban en esos años agobiados por la fútil guerra de Vietnam y muy necesitados de la espiritualidad de Wicca. Esta popularidad ha continuado en aumento a través de los años y hoy en día existen miles de convenios de brujos los cuales se anuncian abiertamente en el Internet, en revistas y otros medios públicos.

Introducción

En el principio, muchas personas vieron a Wicca como una adoración encubierta de las fuerzas del mal, asociando a los brujos con el satanismo, el cual también se practica en los Estados Unidos. El hecho de que *Karnayna*, uno de los nombres más conocidos del dios de Wicca, usa una corona de cuernos de venado, ayudó a cimentar la creencia errónea de que los brujos adoraban a Satanás. Pero en realidad Karnayna es una deidad del bosque y su corona representa a la cacería. Los brujos no adoran a Satanás sino a las fuerzas de la naturaleza. Consideran que su religión es parte de los antiguos elementos paganos, que existieron mucho antes que el cristianismo y el satanismo. Por esto Wicca se conoce como "la antigua religión", cuyas prácticas datan del tiempo de los celtas, hace más de 2.500 años.

La Brujería celta, o Wicca, es basada en un sistema de iniciaciones las cuales son llevadas a cabo en los grupos de brujos conocidos como *convenios*. Estos convenios son dirigidos por un gran sacerdote y una gran sacerdotisa, quienes representan al dios y la diosa adorados por los brujos.

Estos dioses tienen muchos nombres y entre los más conocidos están *Aradia* y *Karnayna* que son los nombres con los cuales van a ser referidos en este libro. De estas dos figuras mitológicas la más importante es la de Aradia, conocida como la Diosa Blanca o la Gran Diosa e identificada con la Luna, con la naturaleza y la Madre Cósmica. Por esta razón, en muchos convenios, especialmente los Gardnerianos y los Alejandrinos (basados en las enseñanzas de Gerald Gardner y Alex Sanders), la gran sacerdotisa es mucho más influyente que el gran sacerdote y es ella la que lo controla y decide sus pautas y establece sus leyes y requisitos. El gran sacerdote representa a Karnayna, el dios de la caza y de los bosques y manglares.

Introducción

En este libro vamos a investigar a fondo las creencias y prácticas de Wicca y su gran influencia, cada vez más expansiva, en las Américas. Debido a la naturaleza ecléctica de Wicca, hay muchas divisiones y tipos de convenios de brujos basados en diversas tradiciones, tales como la sajona, la diánica, la druídica y muchas otras. La tradición Wicca presentada en este libro está basada en una de las más famosas de tiempos modernos, conocida como *la tradición Gardneriana.* Gerald Gardner, como expliqué anteriormente, fue el brujo inglés que dio a conocer las prácticas de Wicca en Inglaterra en 1954 con su libro *La Brujería Hoy.* Fue después que este libro fuera publicado, que la antigua brujería celta volvió a ser abiertamente practicada en Inglaterra y otras partes del mundo, especialmente en los Estados Unidos. Las raíces celtas de Wicca y su práctica en España, notablemente en Galicia, son parte de la herencia intrínseca que recibiera Latino América de sus antepasados españoles. Como tal, forman parte de nuestra tradición mágico-religiosa y del folklore de nuestros países. Es por esta razón que las prácticas de Wicca se están extendiendo cada día más a través de Latino América.

PRIMERA PARTE

BRUJERÍA

(WICCA)

1

EL CONVENIO DE LOS BRUJOS

Los brujos trabajan generalmente en grupos conocidos como *convenios* (covens), aunque hay casos de practicantes solitarios de la religión, que prefieren observar sus prácticas y creencias sin la ayuda de un convenio. Muchos convenios forman números pares, generalmente parejas. Esto es importante porque los brujos creen que las energías creadas durante sus convenios deben ser polarizadas por los dos sexos. Los miembros del convenio no tienen que estar casados entre sí y muchas veces las parejas se forman entre un brujo y una bruja que sólo son amigos y que se unen durante los rituales para crear la necesaria polaridad.

La dirigente principal del convenio Gardneriano es la gran sacerdotisa, asistida por el gran sacerdote. Es ella la que toma todas las decisiones importantes en el grupo, la que lleva a cabo las iniciaciones y otros rituales de importancia. El gran sacerdote la ayuda en todas las ceremonias.

El convenio de Wicca existe para adorar a las fuerzas de la naturaleza y para ayudarse mutuamente en paz y armonía.

Dentro del convenio los brujos forman una hermandad sagrada cimentada en leyes antiquísimas, fuertes juramentos, y obediencia total a la gran sacerdotisa. Ésta representa a la Gran Diosa o Diosa Blanca, la cual tiene muchos nombres, todos provenientes de las mitologías y religiones antiguas. Entre sus muchos nombres están Artemis, Diana, Isis, Ishtar, Habondia, Cerridwen y Aradia. Este último nombre es uno de los que más comúnmente se usa en los convenios modernos de Wicca. La Gran Diosa es identificada principalmente con la Luna y con las fuerzas de la naturaleza, especialmente las aguas. Su consorte es conocido como *Cernnunos* o Karnayna, un nombre procedente de los celtas. Karnayna representa a la fauna o animales de la floresta y los manglares y siempre es representado con una cornamenta parecida a la de los ciervos. La mayor parte de las veces se le representa sentado con las piernas cruzadas. En tiempos antiguos era venerado como un dios de la prosperidad y la abundancia. El gran sacerdote es el representante de Karnayna en el convenio.

El fundamento principal del poder del convenio es la pirámide de los brujos. Ésta es una pirámide espiritual e imaginaria. Uno de sus cuatro lados es formado por la voluntad dinámica y controlada del brujo; el segundo lado representa a la imaginación, a través de la cual el brujo visualiza claramente sus deseos para que estos sean cumplidos; el tercer lado es una fe ciega y total en la habilidad del brujo de lograr lo que desea a través de su magia; y el cuarto lado es el silencio, ya que el brujo nunca puede revelar a nadie quien es ni los poderes que posee. De modo que los cuatro lados de la pirámide del brujo son voluntad, imaginación, fe y silencio. Estas cuatro cosas son las reglas básicas de Wicca o Brujería. Junto a esta pirámide de poder, el brujo acumula profundos conocimientos de las leyes naturales y el movimiento de las poderosas mareas cósmicas. El origen del poder de estas mareas proviene de los movimientos del Sol, de la Luna y los planetas a través del sistema solar.

Los brujos creen que no es suficiente tener conocimiento y poder. Es también necesario saber cómo enfocar y dirigir este poder y conocimiento en la dirección y propósitos deseados. Estos propósitos nunca deben incluir hacer daño a otras personas o acumular poder para dominar a los demás.

Muchos convenios de Wicca se reúnen una vez por semana, casi siempre en sábado, aunque pueden haber reuniones especiales convocadas por la gran sacerdotisa si algún miembro del convenio está necesitado de ayuda de emergencia. En el convenio Gardneriano que presentamos aquí, estas reuniones se conocen como *Esbats*. Algunos convenios consideran el Esbat como un ritual lunar. Las grandes ceremonias se celebran durante los festivales de Wicca y también en Luna Llena. Estas reuniones plenarias se conocen como *Sabats* y son 21 en total, las trece Lunas Llenas del año y los ocho festivales tradicionales, que incluyen los solsticios de verano y otoño y los equinoccios de primavera e invierno. Más adelante hablaremos de los festivales en detalle y los rituales que se llevan a cabo en estos días.

El propósito principal de cada ceremonia es el de levantar el Cono del Poder. Sin el Cono del Poder la ceremonia de Wicca no está completa y los poderes del grupo son nulos. El Cono del Poder es creado durante la ceremonia de Wicca por los miembros del convenio, los cuales se toman de las manos formando un círculo y comienzan a moverse rápidamente hacia la derecha, hasta estar corriendo. Mientras corren de esta manera, están pronunciando una y otra vez las famosas runas que son el corazón de Wicca.

El Convenio de los Brujos

Las runas contienen una invocación a las fuerzas de la naturaleza, especialmente a Aradia y a Karnayna, exhortándolos a que bajen al círculo y hagan realidad los deseos del convenio. Personas con visión astral han visto al Cono del Poder levantándose en el medio del círculo de brujos como un pilar de energía radiante de inmenso poder. Cuando la gran sacerdotisa, que dirige el levantamiento del Cono, juzga qué suficiente energía ha sido acumulada con las runas, manda a detener a los brujos. En este momento, la energía acumulada por el convenio es dirigida por ella, el gran sacerdote y todos los brujos hacia lo que todos en conjunto desean lograr en esa ceremonia particular. La decisión de cómo emplear la energía del Cono del Poder es hecha por todos los miembros del convenio antes de empezar la ceremonia y a veces con semanas de anterioridad. La energía es siempre usada para una sola cosa en particular, pues una de las principales reglas de la magia es que la energía dirigida a más de un objetivo es energía perdida y disipada. La energía es usada para ayudar a uno de los miembros a alcanzar algo que desea o necesita fuertemente. Los brujos alternan el uso de las energías del Cono del Poder entre sí muy fraternalmente. Y como cada miembro recibe la energía del Cono en uno de los Esbats o Sabats, todos están dispuestos a cooperar para ayudarse mutuamente, intercambiando sus energías como buenos hermanos.

El Cono del Poder puede ser utilizado en curaciones, para resolver problemas amorosos o de dinero, para ayudar a uno de los brujos a conseguir trabajo, a resolver un caso de corte, o a conseguir cualquier cosa que pueda desear o necesitar. La energía del Cono depende naturalmente de la concentración y fuerza mental de los miembros del convenio pero como es energía mental concentrada, siempre se ven resultados positivos. Es esto lo que mantiene a los brujos unidos en el convenio, ya que es más fácil resolver un problema a través de las energías acumuladas de muchas personas que con la energía de una sola.

El Cono del Poder está fuertemente fundado en la pirámide de los brujos, ya que sin voluntad, imaginación, fe y silencio el Cono no puede ser levantado. El otro elemento de poder en la ceremonia es el círculo mágico.

Los brujos creen que el círculo ayuda a concentrar la energía del Cono del Poder y a mantenerla en su lugar sin que se disipe. Por esta razón, la primera acción de la sacerdotisa, antes de empezar cada ceremonia es trazar el círculo mágico con su cuchillo mágico, conocido como "athame". Una vez que el círculo ha sido trazado los brujos sólo se pueden mover hacia la derecha (deosil), ya que moverse hacia la izquierda es la negación de las fuerzas cósmicas y un llamado a las fuerzas oscuras del Caos. El movimiento hacia la izquierda adentro del círculo se conoce como *widdershins*. En algunos ritos los brujos usan el movimiento de widdershins para acumular tanto energías positivas como negativas.

Muchas veces, sobre todo cuando quieren influir en una persona a distancia, los brujos usan el Cono del Poder para crear un "elemental", es decir, una entidad mental que toma la forma de una bola de energía o de un pájaro. Este "elemental" es enviado a la persona con un mandato especial e instruido para que regrese al brujo a informarle el resultado de la enviación.

Los brujos creen que la Brujería no es otra cosa que la habilidad de manipular las fuerzas de la naturaleza para lograr lo que se desea. Consideran que el poder cósmico del universo creado por Dios no es ni bueno ni malo, es neutral. Es la persona que utiliza este poder la que lo hace bueno o malo.

El Convenio de los Brujos

Para asegurarse de que no están utilizando este poder de forma negativa, los brujos se adhieren a varias leyes y reglamentos. La ley principal de Wicca es la siguiente:

Si no haces daño a cualesquiera,
puedes hacer lo que tu quieras.

Esta ley significa que el brujo es libre para expresar su voluntad y utilizar las fuerzas de la naturaleza como se le venga en gana, siempre y cuando no las utilice para hacerle daño a otra persona, animal, vegetal o cosa. Las personas que no se adhieren a esta ley principal, no son verdaderos brujos sino magos negros.

Otra ley de gran importancia para el brujo es la *Ley del Tres*. Esta ley dice que cualquier acto, ya sea benéfico o maléfico, que sea llevado a cabo por una persona regresa a él o a ella con triple fuerza. Nada ni nadie en el universo es exento a esta ley cósmica y es por esta razón que los brujos tienen tanto cuidado en no cometer actos negativos o destructivos dirigidos hacia otra entidad, tanto humana como animal o inmaterial ya que saben que van a tener que pagar ese daño multiplicado tres veces. Ésta también es la razón por la cual los brujos aman y cuidan a todo lo que existe en la naturaleza, especialmente los animales, los árboles y toda criatura terrestre.

Otras leyes utilizadas por los brujos son las que afectan sus magias. Entre estas leyes está la ley de contacto, la cual dice que todo lo que ha estado en contacto con una persona o cosa mantiene el contacto mucho después de haberse separado de ésta. Por esta razón creen que objetos que han pertenecido a una persona o han sido usadas por ésta pueden ser utilizados para influir en ella a distancia.

El Convenio de los Brujos

Otra ley importante es la *ley de similaridad o magia imitativa*. De acuerdo a esta ley las cosas parecidas atraen cosas parecidas. El brujo utiliza esta ley para llevar a cabo magias que imitan lo que desean que suceda. Por ejemplo, un trabajo amoroso sencillo donde se usan una vela de hombre y otra de mujer, inscritas con los nombres de las personas que se desean unir, y que luego se frotan con aceites especiales y se amarran, está usando la ley de similaridad o magia imitativa.

La intención del trabajo es que según se unen las dos velas así se van a unir esas dos personas y que según queman las velas encendidas así van a quemar de amor mutuo esas dos personas.

Además de Aradia y de Karnayna, los brujos creen en la existencia de fuerzas elementales como hadas, gnomos, elfos, ondinas y salamandras. Estas entidades se conocen como elementales porque están asociadas con los cuatro elementos. Las entidades pertenecientes al elemento aire son los elfos y las hadas; las salamandras pertenecen al elemento fuego y se visualizan como pequeños dragones de fuego que saltan entre toda llama; las ondinas pertenecen al elemento agua y se visualizan como criaturas muy bellas azuladas hechas de vapor; y los gnomos pertenecen al elemento tierra y se visualizan como seres humanos en miniatura, con largas barbas, que viven en el centro de la tierra y son dueños de todas las minas y minerales. Estas criaturas existen en el plano astral pero pueden ser contactadas a través de ciertos rituales y ceremonias. Las hadas son las entidades favoritas de los brujos, especialmente los reyes de las hadas, bautizados por Shakespeare como *Titania* y *Oberón*. Se les hacen ofrendas especiales la noche del solsticio de verano, que los brujos conocen bajo el nombre de "la noche de la mitad del verano".

El Convenio de los Brujos

Los brujos se saludan al encontrarse y al despedirse besándose en la mejilla y diciendo "Bendito Sea". Éste es el saludo ancestral de Wicca y todos los brujos lo utilizan en un sinfín de idiomas a través del mundo.

Otra despedida común, que se añade en muchos convenios, es "Alegres nos encontramos y alegres nos separamos".

Cada brujo o bruja tiene que escoger un nombre mágico que lo identifica con los miembros del convenio. Muchos brujos famosos han revelado sus nombres mágicos al mundo, pero esto no es bien visto por los mayores que observan rigurosamente la ley del silencio o secreto que forma parte de la pirámide de los brujos. La mayor parte de los brujos utilizan nombres mágicos asociados con la naturaleza o con una cualidad que admiran o desean. Entre los muchos nombres mágicos de brujos están Paz Serena, Lobo Plateado, Claro de Luna, Águila Blanca, Diana del Mar, Eco Lunar, Luna Plateada, Mariluna y Rayo de Plata.

Los brujos enseñan que la Gran Diosa tiene tres manifestaciones que se reflejan en toda mujer. Éstas son la doncella, la matrona y la anciana. Toda mujer pasa por estas tres fases. La doncella es una mujer joven, no necesariamente virgen; la matrona es una mujer madura, entre los 30 y 50 años; y la anciana es una mujer de edad más avanzada, pasando de los 50 años. De las tres, la anciana es considerada la más sabia de las fases de la Diosa y la más respetada. Muchas veces, cuando la gran sacerdotisa llega a la fase de la anciana pide retirarse para dejarle su lugar a una de las brujas más jóvenes del convenio, pero generalmente los demás brujos le niegan el retiro, sobre todo si es una gran sacerdotisa de mucho poder. Si la gran sacerdotisa insiste en abandonar el convenio tiene licencia para hacerlo y un año y un día para cambiar de idea. Si dentro de ese tiempo decide regresar, la nueva gran sacerdotisa tiene que hacerse a un lado y devolverle su puesto.

El Convenio de los Brujos

Antes de considerar el ingreso de un miembro nuevo al convenio, la gran sacerdotisa y los demás brujos estudian cuidadosamente las circunstancias de esa persona, ya que va a formar parte de una hermandad muy allegada donde no hay secretos entre sí. Sólo cuando están convencidos que el aspirante a brujo reúne los requisitos necesarios, éste es admitido en el convenio. Tan pronto es aceptado por el grupo, es invitado a asistir al próximo Esbat o Sabat donde recibe la Iniciación de Primer Grado en Wicca.

Existen tres tipos de iniciaciones en la religión: Primer, Segundo y Tercer Grado. Cuando un brujo o bruja recibe la Iniciación de Tercer Grado se considera que tiene suficientes conocimientos y experiencias para abrir su propio convenio. No todos los brujos abandonan el convenio madre al recibir la tercera iniciación, pero los que deciden hacerlo reciben la bendición y el beneplácito de la gran sacerdotisa y el gran sacerdote. El nuevo convenio se considera una rama del convenio original. Uno de los símbolos de rango de la gran sacerdotisa es una liga verde que lleva en el muslo izquierdo. Cada vez que un miembro del convenio abre su propio grupo, la gran sacerdotisa coloca una hebilla de plata en su liga. Existen convenios de muchos años cuya gran sacerdotisa ostenta una liga llena de muchas hebillas, cada una representando un convenio comenzado por uno de sus brujos.

Todos los convenios de brujos se respetan entre sí, pero una de las leyes de Wicca prohíbe revelar los nombres de sus miembros a otros convenios ni el lugar donde se reúnen. Esto data del tiempo de la inquisición cuando la práctica de la Brujería era condenada y muchas veces terminaba en las llamas de una hoguera. En los grandes festivales, muchos convenios de brujos se citan para celebrar la fecha con un gran Sabat, pero aun en estas ocasiones no se revela qué brujo pertenece a cuál convenio ni dónde se reúnen.

El Convenio de los Brujos

Cada convenio tiene también un nombre el cual es escogido por la gran sacerdotisa. Entre nombres comunes de convenios están *El Círculo de Aradia, La Rueda de la Luna, Los Hijos de la Luna, La Estrella de Plata y Los Hijos del Lobo Blanco.*

Los brujos guardan celosamente los secretos y reglas del convenio y a menudo están atados a éste por juramentos escalofriantes. Un brujo que traiciona a su convenio o le hace alguna magia negativa a uno de sus miembros es desterrado de inmediato y maldecido por la gran sacerdotisa, el gran sacerdote y el convenio entero. Una de las maldiciones de un traidor es la siguiente: "Que la maldición de la Gran Diosa sea con él, que jamás pueda volver a nacer en la tierra y que por siempre permanezca en el infierno de los cristianos".

La idea de que los brujos vuelan en escoba viene de la práctica medieval de saltar en escoba por los campos de cosechas para que éstas crecieran en abundancia.

Uno de los secretos más antiguos de los brujos es el ungüento volador, que se usaba en tiempos antiguos para tener la sensación de que se volaba por el aire. De ahí proviene la idea de que los brujos vuelan. En realidad el ungüento estaba basado en ciertas sustancias alucinógenas como la belladona y otras parecidas las cuales daban un sentido de euforia a quien se lo frotaba en el cuerpo. Muchos brujos lo usaban durante sus ceremonias. Esta práctica se ha perdido a través del tiempo, cuando fue descubierto el daño que éstas sustancias hacen al sistema central nervioso. De modo que los brujos nunca volaron y hoy en día menos que nunca.

Otra ley importante de Wicca es que un brujo no puede aceptar dinero a cambio de su ayuda mágica a una persona. Tampoco pueden regatear en la compra de ningún objeto. También está prohibido poner en peligro al convenio o a ninguno de sus miembros. Las disputas que se puedan presentar entre los miembros son decididas por la gran sacerdotisa o por un consejo de mayores. El convenio mantiene un libro especial donde están apuntadas las yerbas que son útiles en la curación de enfermedades o en la práctica de la magia, además de muchas otras enseñanzas secretas. Este libro está disponible para el uso de todos los miembros. También existe otro libro donde están escritas las yerbas malignas y las magias oscuras, pero este libro es sólo accesible a los mayores y los miembros del consejo y a la gran sacerdotisa. Los demás miembros no tienen permiso para consultarlo.

Cuando un brujo comete una falta contra el convenio y se arrepiente, tiene que confesar su falta de rodillas a los pies de la gran sacerdotisa. Ésta pasa sentencia con la aprobación del convenio. Generalmente estas faltas son castigadas con varios golpes del látigo que todo brujo tiene en su poder y que es el símbolo principal del rango de la gran sacerdotisa. El brujo arrepentido besa la mano de la gran sacerdotisa y luego besa el látigo, dando gracias por el castigo recibido. Los latigazos son seguidos por un pequeño festejo donde todos besan y perdonan a la persona castigada.

Toda gran sacerdotisa lleva el título de "Dama" antes de su nombre mágico. Una gran sacerdotisa cuyo nombre mágico es Mariluna, se conoce como la Dama Mariluna. El gran sacerdote lleva el título de Señor. Si su nombre mágico es Lobo de Plata, se le conoce como el Señor Lobo de Plata.

La gran sacerdotisa siempre tiene una asistente que se conoce como la Doncella, que es siempre joven, y la ayuda en los menesteres de su cargo.

En tiempos modernos Wicca ha empezado a añadir nuevos elementos a sus ritos. La adivinación, que antes estaba basada en la observación de la naturaleza, las cartas del Tarot y la bola de cristal, ahora incluye a la astrología, la cábala hebrea y la magia ceremonial. De manera que la Wicca actual es una religión dinámica, evolutiva, cuyos miembros han asimilado muchos aspectos de la vida moderna, sin abandonar sus antiguas prácticas y creencias.

2

FESTIVALES, SABATS Y ESBATS

Como expliqué en el primer capítulo, la Wicca Gardneriana celebra dos tipos de ceremonias. La más común tiene lugar en las reuniones conocidas como Esbats, generalmente una vez por semana y más comúnmente en día sábado. Los Sabats se celebran durante uno de los ocho festivales anuales y en Luna Llena. Algunos convenios que se reúnen una vez al mes, en Luna Llena, consideran esta reunión mensual como un Esbat. A menudo, durante los ocho festivales anuales, más de un convenio se dan cita para celebrar estos días.

Los ocho festivales celebrados por los brujos están íntimamente relacionados con los ciclos de la naturaleza, con la agricultura y la crianza de animales, lo cual era de gran importancia en la antigüedad cuando la práctica de Wicca era utilizada para ayudar a los granjeros en sus tareas agrícolas.

Los ciclos astronómicos que anuncian la llegada de las estaciones forman también parte de estas celebraciones, pero en tiempos antiguos no eran de tan gran importancia como en la Wicca moderna.

Estos ocho festivales se dividen en dos clases. Los cuatro más importantes se celebran el 2 de febrero, día de la Candelaria; el 30 de abril, conocido como la víspera de mayo (Beltane, pronunciado Beltein); el 31 de julio, conocido como la víspera de agosto (Lammas); y el 31 de octubre, víspera de todos los santos (mejor conocido como Samhain, Hallowmass y Halloween en los países de habla inglesa como los Estados Unidos e Inglaterra). Los cuatro festivales de menor importancia se celebran el 21 de marzo (equinoccio de primavera); el 22 de junio (solsticio de verano); el 21 de septiembre (solsticio de otoño); y 22 de diciembre (equinoccio de invierno). Estos ochos festivales forman en conjunto la rueda de la vida para los brujos, ya que marcan épocas de gran importancia para la tierra y para toda la humanidad.

Febrero 2 —Día de la Candelaria

Este festival celebra lo que en tiempos de los romanos era conocido como la *Lupercalia* o fiesta del dios Pan. Los romanos consideraban este día como de gran fertilidad y se celebraban rituales donde los sacerdotes de la antigua religión flagelaban a las mujeres que encontraban en las calles con tiras hechas de piel de lobo para que fueran fértiles y tuvieran muchos hijos.

Durante la ceremonia de la Candelaria la gran sacerdotisa guía a su convenio, varita mágica en mano, en bailes tradicionales hasta llegar al lugar donde se va a llevar a cabo la ceremonia. Esto es seguido por el baile llamado *Volta*, donde los brujos bailan en parejas. El baile Volta proviene de Italia, donde la Brujería fue practicada asiduamente en la antigüedad.

La gran sacerdotisa forma el círculo con el cuchillo mágico y el gran sacerdote entra adentro del círculo con su espada en la mano derecha y su cuchillo mágico en la izquierda. Estos son colocados sobre el altar y el sacerdote procede a darle el Beso Quíntuple a la gran sacerdotisa. Este beso es parte de toda ceremonia de Wicca. Son 5 besos y por esta razón se les llama el Beso Quíntuple. El primer beso lo da el gran sacerdote sobre los dos pies de la sacerdotisa, el segundo sobre las dos rodillas, el tercero sobre el bajo vientre, el cuarto sobre los dos senos; y el quinto en los labios. Cada vez que besa una parte del cuerpo de la gran sacerdotisa, el gran sacerdote bendice ese lugar con ciertas palabras ritualísticas que veremos más adelante cuando discutamos la gran ceremonia de Wicca. De estas palabras proviene el saludo tradicional de Wicca: Bendito Sea.

Cuando el gran sacerdote termina de darle el Beso Quíntuple, la gran sacerdotisa dice Bendito Sea y procede a darle el Beso Quíntuple al gran sacerdote. Luego recita la siguiente invocación:

Temido Dios de la muerte y la resurrección,
de la vida y dador de la vida,
Dios nuestro, cuyo nombre es Misterio de Misterio,
da fuerza a nuestros corazones,
permite que la luz se cristalice en nuestra sangre,
dándonos el don de la resurrección,
no hay nada en nosotros que no provenga de los dioses,
desciende, te suplicamos, sobre tu siervo y sacerdote.

Este es un llamado al dios Karnayna para que descienda y tome posesión del gran sacerdote. Luego de esta invocación, se llevan a cabo iniciaciones, si éstas han sido planeadas para este día. Algunos convenios llevan a cabo el Gran Rito, que describiré más adelante, pero la mayor parte de los convenios se limitan a abrazarse entre sí.

Después de los ritos de esa noche, los brujos celebran el festival bailando, bromeando y comiendo las ofrendas especiales del festival, que generalmente consisten de bizcochos, panes, frutas y vino dulce. Luego llevan a cabo juegos tradicionales. Uno de estos entretenimientos es conocido como *el juego de la vela* y se lleva a cabo de la siguiente manera. Los brujos se colocan en círculo mirando hacia adentro de éste. Las brujas se colocan detrás de ellos. Los brujos proceden a pasarse una vela encendida de mano en mano, mientras las brujas soplan por detrás, tratando de apagar la vela. Cuando una de las brujas apaga la vela, el brujo que la sostenía en la mano pierde el juego. Tiene entonces que enfrentar a la bruja la cual le da tres azotes ligeros con su látigo ritual. El brujo debe entonces darle el Beso Quíntuple a la bruja. La vela vuelve a encenderse y el juego continúa. Éste es sólo uno de los muchos juegos que usan los brujos durante los Sabats.

Marzo 21 —Equinoccio de primavera

Este festival requiere el uso de una rueda, como símbolo de la rueda de la vida. Algunos brujos usan un espejo redondo y otros convenios usan un círculo formado por cuatro pedazos de palo cruzados para formar ocho puntas. Estas ocho puntas son unidas por un pedazo de cuero o de metal que les da la vuelta, formando una rueda, la cual simboliza los ocho festivales de la rueda de la vida. Esta rueda es colocada sobre el altar y a cada lado es colocada una vela blanca encendida.

La gran sacerdotisa procede a formar el círculo mágico, adentro del cual ya está colocado un gran caldero lleno de material inflamable. Luego se para en el Oeste frente al gran sacerdote, que está en el Este. Ambos cargan los cuchillos mágicos o athames en las manos. La gran sacerdotisa recita la siguiente invocación:

Encendemos este fuego hoy,
en la presencia de los Seres Sagrados.
Sin malicia, sin celos, y sin envidias,
sin temor a nada que existe bajo la luz del Sol,
excepto a los Grandes Dioses.
A Ti te invocamos, Oh Luz de la Vida,
sé una llama brillante frente a nosotros,
sé una estrella deslumbrante sobre nosotros,
sé un camino sin obstáculos bajo nosotros.
Enciende en nuestros corazones,
una llama de amor hacia nuestros vecinos,
hacia nuestros enemigos, nuestros amigos, nuestros seres queridos,
y hacia todo ser humano que habita en la tierra.
Oh misericordioso hijo de Cerridwen,
que el amor vibre en nuestros corazones
desde la más baja criatura que existe en el mundo,
hasta el Nombre más alto de todos.

La gran sacerdotisa traza un pentagrama o estrella de cinco puntas en el aire con su athame, el cual entrega al gran sacerdote junto con su látigo. El pentagrama o estrella de cinco puntas es una nueva adición a los rituales de Wicca y procede de la magia ceremonial basada en la cábala hebrea. La doncella, que es la asistente de la gran sacerdotisa, enciende una llama y se la entrega al gran sacerdote. Éste enciende el material que está

19

adentro del caldero para formar una fogata. Luego toma a la gran sacerdotisa de la mano y ambos saltan sobre las llamas del caldero. Los otros brujos, también en parejas, saltan a su vez. Éste es un ritual de purificación y de vida y los brujos creen que saltar sobre las llamas los purifica de vibraciones oscuras.

Después de este rito tienen lugar los juegos, seguidos por bailes y el festín de bizcochos, frutas y vino.

Muchos convenios llevan a cabo este festival al aire libre para evitar el peligro de fuegos, pero otros prefieren la privacidad del lugar de cita del convenio.

Durante el festival del Equinoccio de Primavera los brujos adornan el recinto con flores primaverales y escogen a una de las brujas más jóvenes como reina de la primavera. A esta bruja le son entregadas todas las flores que adornaban el círculo.

Mayo 1 —Día de mayo

Este es el más antiguo de los festivales de Wicca y el que ha sobrevivido más intacto. Entre los antiguos druidas celtas, era un festival del fuego conocido como Beltane (pronunciado Beltein) y este nombre es usado aun por los brujos modernos. En Alemania se conoce como *Walpurgisnacht* o la noche de Santa Walpurga, una santa del siglo VIII.

En tiempos antiguos el 30 de abril, la víspera de mayo, era observado como el festival de Pluto, el dios romano de los muertos. La mitología romana, que tomó prestada esta leyenda de los griegos cambiando el nombre de los dioses, nos dice lo siguiente. El dios Pluto reinaba en la oscuridad impenetrable del Tartarus, a donde van los seres humanos al morir. Según la mitología greco-romana, esta región desolada se encuentra en las más grandes profundidades de la tierra. Un día, cuando Pluto caminaba por la tierra en persecución de sus enemigos, fue visto por Venus, la diosa del amor, que jugaba con su pequeño hijo Cupido. Venus instó a Cupido a que atravesara el corazón de Pluto con una de sus flechas para que se enamorara de la primera mujer que viera. Cupido obedeció a su madre y envió su más certera flecha al pecho del indomable dios de la muerte. En esos momentos, Proserpina, la única hija de Ceres, diosa de la tierra, estaba recogiendo flores con otras doncellas. Y fue a Proserpina a quien Pluto vio al instante de ser herido por la flecha de Cupido. De inmediato quedó locamente enamorado de Proserpina, a la cual, sin pensarlo dos veces, cargó en vilo sobre su montura. Ignorando los gritos desesperados de la joven diosa, Pluto se hundió con ella en el abismo sin fondo que llevaba a su mansión del Tartarus.

21

La diosa Ceres pasó muchos días desesperada buscando por todas partes a su adorada hija. Por fin, una ninfa de las aguas le reveló lo que había sucedido. Enloquecida de dolor, Ceres maldijo a la tierra por haber permitido que Pluto pasara a través de ella con Proserpina. La maldición de Ceres secó a todas las cosechas, los animales murieron, y la tierra se cubrió de hielo. La diosa luego se remontó al Olimpo, la mansión de los dioses, y pidió al dios Júpiter que la ayudara a recuperar a su hija. Júpiter accedió, pero le dijo a Ceres que sólo podía traer a Proserpina de las profundidades del Tartarus si la joven no había comido nada en su estadía en el reino de la muerte. Desafortunadamente Pluto, que sabía lo que estaba sucediendo en el Olimpo, le ofreció una granada a Proserpina y ésta la comió. La granada es considerada la fruta de los muertos y al comerla, Proserpina quedó atada al reino del dios Pluto. Todo lo que pudo hacer Júpiter, para ayudar a Ceres y para salvar a la tierra, fue lograr que Pluto accediera a que Proserpina pasara la mitad del año con Ceres y la otra mitad con él. Cuando Proserpina regresó a la tierra, Ceres, llena de alegría, le devolvió la vida al planeta, cubriéndolo de flores. Esta es la llegada de la primavera. Durante la mitad del año durante la cual Proserpina permanece con Ceres, la tierra está tibia y llena de flores y frutos. Estas son las estaciones de la primavera y el verano. Pero cuando Propserpina regresa con Pluto, su madre abandona a la tierra. Las hojas comienzan a secarse, las flores no son tan profusas, y los campesinos se apresuran a recoger las cosechas durante la temporada conocida como la vendimia. Esta es la estación del otoño, la cual da paso al invierno, la época de mayor desolación para la tierra, cuando Ceres está más desconsolada por la ausencia de Proserpina.

Es el mes de mayo, el mes de las flores y el día de las madres, el cual se celebra en este festival, que conmemora el regreso de Proserpina a la tierra, y a su madre Ceres. Tanto Ceres como Proserpina son manifestaciones de la Gran Diosa entre los brujos. Karnayna es una representación del dios Pluto. En Inglaterra se celebra este festival con estacas clavadas en el suelo y decoradas con cintas y flores. Las mujeres jóvenes toman las cintas y le dan vueltas a la estaca cantando y bailando.

La ceremonia que conmemora este festival es muy sencilla. La gran sacerdotisa forma el círculo mágico y le da vueltas a éste trotando ligeramente. Los demás brujos corren detrás de ella. Mientras corre, la gran sacerdotisa recita lo siguiente:

Oh, no le digáis al Sacerdote nuestro arte,
Porque lo llamaría pecado.
pero estaremos en el bosque esta noche,
conjurando la llegada del verano.
Y traemos buenas nuevas,
para toda mujer, maíz, ganado.
Porque el Sol ya regresa desde el Sur,
con árboles y flores bien cargado.

Luego de este ritual, la gran sacerdotisa lleva a cabo la invocación conocida como Bajar la Luna y que veremos en el próximo capítulo. Durante esta invocación, la Gran Diosa es llamada para que descienda sobre la gran sacerdotisa. Luego todos comen las ofrendas de la estación, toman el vino y llevan a cabo sus juegos acostumbrados.

Junio 22 —Solsticio de verano

Este festival es uno de los favoritos de los brujos ya que la temperatura está cálida y pueden celebrar la ceremonia al aire libre, si así lo desean. Muchos convenios se unen en celebración en este día.

La gran sacerdotisa traza el círculo mágico. Frente al altar está colocado el gran caldero, esta vez lleno de agua y decorado con flores. El convenio de brujos la rodea, alternando hombres y mujeres alrededor del círculo. El gran sacerdote se para en el punto Norte, que es donde la mayor parte de las ceremonias de Wicca comienzan. La gran sacerdotisa levanta su athame y comienza la siguiente invocación:

Gran Ser del Cielo, poder del Sol,
a Ti invocamos a través del poder de tus antiguos nombres:
Miguel, Balin, Arturo, Herne.
Ven de nuevo como en antaño a esta nuestra tierra.
Levanta en alto Tu lanza de luz y protégenos.
Dispersa a través de Tu omnipotente luz las fuerzas oscuras.
Danos bosques fragantes y verdes praderas,
jardines florecientes y maíz tierno.
Llévanos hasta Tu montaña visionaria
y muéstranos las bellas mansiones de los dioses.

La gran sacerdotisa procede a trazar el pentagrama o estrella de cinco puntas en el aire con su athame mientras enfrenta al gran sacerdote. Éste se acerca al caldero, entierra su athame en al agua y lo alza en el aire diciendo:

La lanza en el caldero y en el Santo Grial,
espíritu en la carne, hombre y mujer, Sol en la tierra.

El gran sacerdote se inclina hacia la gran sacerdotisa y regresa al círculo. La gran sacerdotisa enfrenta al convenio y les ordena:

Bailen alrededor del caldero de Cerridwen,
la Gran Diosa,
y sean bendecidos todos con esta agua consagrada,
igual que el Sol, Señor de la Vida,
se levanta en todo su poderío en el signo de las aguas de la vida.

Los brujos comienzan a bailar alrededor del altar y del caldero, guiados por el gran sacerdote. Mientras bailan, la gran sacerdotisa los rocía con el agua del caldero. Luego todos se sientan alrededor del círculo, comen de las ofrendas y toman el vino.

Agosto 1 —Lammas

En tiempos antiguos este día se conocía como *el día de las hogazas de pan* entre los ingleses. Era un día de agradecimiento hacia los dioses de la naturaleza por los granos de las cosechas, especialmente el trigo de donde proviene el pan. Como tal, fue uno de los precursores del día de Acción de Gracias, establecido por los peregrinos americanos, que eran descendientes de los ingleses. Los antiguos druidas lo conocían como el festival de fuego de Lugnasa, durante el cual se encendían fuegos en los campos en adoración a los dioses.

Festivales, sabats y esbats

Los brujos lo celebran con bailes tradicionales alrededor del círculo. El caldero se llena con material inflamable como ramas secas y yerbas mágicas y se enciende en el sur del círculo, ya que el Sur representa al elemento fuego. El gran sacerdote procede a llevar a cabo la invocación conocida como Bajar la Luna. La gran sacerdotisa recita el Mandato de la Gran Diosa, que veremos en un próximo capítulo. Luego todos los brujos pasan uno por uno frente a ella y le besan los pies. Las brujas se inclinan ante ella. El gran sacerdote le pasa velas blancas a los miembros del convenio quienes las encienden en el caldero. Luego todos comienzan a caminar alrededor del círculo con la vela encendida en las manos. El gran sacerdote procede a recitar la siguiente invocación:

Reina de la Luna,
Reina de las estrellas,
Reina de las trompetas,
Reina del fuego,
Reina de la tierra,
trae a nosotros el niño prometido.
Porque es la Gran Madre,
la que lo da a luz,
y es el Señor de la Vida
el que nace de nuevo.
Sol dorado de montaña y de colina,
ilumina al mundo,
ilumina a los mares,
ilumina a los ríos,
ilumínanos a todos.
El dolor perezca y la alegría nazca.
¡Bendita sea la Gran Madre!
Sin comienzo y sin final,
¡por siempre hasta la eternidad!
¡Evoe! ¡Io! ¡Evoe! ¡Je!
¡Bendito sea! ¡Bendito sea!

El gran sacerdote guía al convenio en bailes alrededor de la gran sacerdotisa, la cual es la manifestación de la Gran Diosa. Luego los brujos besan sus pies y las brujas se inclinan ante ella. Luego todos comen las ofrendas de bizcochos, panes, frutas y toman el vino. Esto es seguido por más bailes y juegos.

Septiembre 21—Equinoccio de otoño

Durante este festival, cuando la tierra comienza a cubrirse con su manto de silencio, los campesinos plantan muchas semillas nuevas en sus campiñas y praderas. El plantar de semillas es visto por los brujos como el comienzo del descenso de Proserpina (la semilla) hacia el vientre de la tierra, que es Tartarus. Durante todo el invierno la semilla duerme y en la primavera despierta y surge del terreno en embriones verdes colmados de esperanza. Por esta razón, durante este festival, el altar de Wicca es adornado con semillas, conos de pino y de roble, nueces, flores de la estación y frutos de la vendimia, como mazorcas de maíz.

La gran sacerdotisa traza el círculo mágico y le da varios latigazos al gran sacerdote para purificarlo. Él la purifica de la misma manera. Los miembros del convenio se purifican a su vez, los brujos azotando a las brujas y éstas a ellos. La gran sacerdotisa se para en el punto Este, con el gran sacerdote frente a ella, en el Oeste. La gran sacerdotisa procede a recitar la siguiente invocación:

Hasta pronto, Oh Sol, luz que siempre regresas;
El dios escondido y que sin embargo permanece entre nosotros,
ahora parte a la tierra de la juventud.
a través de las puertas de la muerte,
para habitar allí en su trono, juez de los dioses y de
los seres humanos;

el dios con corona de cuernos, que rige a las huestes de los aires.
Y aunque se para invisible en el medio del círculo,
carga adentro de su ser la semilla secreta,
la semilla de los granos maduros, la semilla de la carne;
y a pesar de estar escondido en las profundidades de la tierra,
carga también en él la semilla maravillosa de las estrellas.
En él habita la vida y la vida es la luz del ser humano,
aquello que nunca nació y que nunca muere.
Por lo tanto, no llores Wicca, sino espera su regreso con alegría.

Es bien claro, en estas palabras, que Wicca es Ceres, la Madre Tierra, que espera el regreso del Sol en la primavera y con el Sol, a su hija Proserpina. Es por esta razón que Wicca es considerada una religión de la tierra, donde se adora a la tierra y a la naturaleza en todas sus formas y a través de todos sus ciclos anuales. En esta invocación, el dios Pluto es identificado con Proserpina, ya que juntos forman el Principio Femenino y Masculino de donde todo procede. La Gran Diosa, Aradia, y el Gran Dios, Karnayna, son la manifestación de estos dos principios cósmicos.

Después de la invocación, el convenio saluda al Gran Dios con bailes alrededor del círculo, que se repiten tres veces. Luego llevan a cabo varios juegos y comen sus ofrendas y toman el vino.

Octubre 31 —Víspera del día de los muertos

Este ritual es conocido en Inglaterra y los Estados Unidos como *Samhain* (pronunciado Samjein). También es conocido más popularmente como Halloween (pronunciado Jalouin). Es otro festival del fuego, durante el cual los brujos acostumbran a invocar a los espíritus de los muertos, los cuales se manifiestan en el humo de las llamas del gran caldero.

El festival reconoce formalmente el final del verano cuando los poderes de las fuerzas oscuras comienzan a crecer. En tiempos antiguos, la gente acostumbraba a asegurar bien las puertas en esta noche y a colocar calabazas ahuecadas con velas encendidas en su interior en las ventanas. Esto se hacía con el doble propósito de ahuyentar a las fuerzas del mal y de llamar a los espíritus de seres amados fallecidos a que regresaran a visitarlos. Se creía que al filo de la medianoche en este festival los muertos tenían permiso para regresar a la tierra. Los brujos aun conservan estas creencias.

La costumbre de ahuecar calabazas y poner en su interior velas encendidas continua observándose en los Estados Unidos, donde este festival es de gran popularidad, aunque sin sus símbolos espirituales. Es más bien una fiesta de disfraces, donde los niños se visten con disfraces de muertos, vampiros y otros monstruos de la ficción popular. Cargados con canastas y bolsas van de casa en casa en sus vecindarios, pidiendo dulces y golosinas con el grito de "trick or treat". Estas palabras significan "regalo o truco" y provienen de una antiquísima costumbre donde la juventud iba a las casas vecinas con el mismo grito. Si recibían regalos o dulces, se marchaban tranquilos. De lo contrario, le gastaban toda clase de trucos y bromas pesadas a los dueños de las casas que les negaban dádivas. Les taponaban las chimeneas, les soltaban los animales de sus cercados, y les robaban las frutas de los huertos. En tiempos modernos, los trucos son más sencillos pero igualmente desagradables, como reventar huevos contra las puertas y las ventanas.

Para los brujos, el festival de Samhain o Hallowmas (pronunciado Jaloumas), como también es conocido, es el más austero y solemne del año.

El festival comienza con la purificación del convenio a través del látigo ceremonial. Cuatro velas rojas encendidas son colocadas en los cuatro puntos cardinales de la habitación. Sobre el altar la gran sacerdotisa coloca una corona de flores de la estación. La gran sacerdotisa procede a trazar el círculo mágico y los brujos entran al círculo. En el centro del círculo está ya el caldero preparado y encendido. El gran sacerdote dice:

> *Oh dioses, bienamados por nosotros,*
> *bendecid este nuestro Gran Sabat, para que nosotros,*
> *vuestros humildes devotos,*
> *podamos celebrar este rito en amor,*
> *alegría y éxtasis.*
> *Bendecid nuestro rito esta noche*
> *con la presencia de nuestros seres amados*
> *que ya han partido de la tierra.*

Los brujos comienzan a caminar despacio alrededor del círculo recitando las runas, que discutiremos en un próximo capítulo. La gran sacerdotisa y el gran sacerdote trazan el pentagrama o estrella de cinco puntas en el aire con sus athames, que son los cuchillos ceremoniales. Luego la gran sacerdotisa invoca al Gran Dios a que descienda sobre el gran sacerdote con las siguientes palabras:

> *Temido Señor de las sombras, Dios de la Vida, y Dador de la*
> *Vida, ya que el conocerte a Ti es conocer a la muerte,*
> *te imploramos que abras de par en par tus portales, a través de*
> *los cuales todos tenemos que pasar. Permite que nuestros seres*
> *amados, que nos han precedido en el umbral de la muerte,*
> *regresen esta noche a festejar junto a nosotros. Y cuando nuestra*
> *hora llegue, como debe llegar, Oh tu, Consolador y Aliviador de*
> *nuestros pesares, Dador de la Paz y el Descanso, entraremos a tu*

reino felices y sin temor; ya que sabemos que una vez que descansemos y nos refresquemos entre nuestros seres amados, volveremos a renacer a través de tu gracia, y la gracia de Gran Madre. Permite que sea en el mismo lugar y al mismo tiempo que nuestros seres amados, para encontrarnos de nuevo, para recordar y amarnos mutuamente. Desciende te imploramos, sobre este tu servidor y sacerdote.

Cada una de las brujas del convenio le dan el Beso Quíntuple al gran sacerdote, que es ahora la manifestación del Gran Dios. El gran sacerdote se arrodilla frente a la gran sacerdotisa, la cual coloca sobre su cabeza la corona de flores. Cada miembro del convenio enciende una vela roja de las velas del altar y tiran incienso en grandes cantidades sobre el incensario. La gran sacerdotisa toca la campana de ritual con su athame 40 veces y dice:

Escuchadme, brujos míos,
seáis bienvenidos a nuestro Gran Sabat,
demos juntos la bienvenida a los espíritus
de nuestros seres fallecidos.

La gran sacerdotisa toca de nuevo la campana con el athame 40 veces. Los brujos comienzan a caminar despacio alrededor del círculo. La gran sacerdotisa llena la gran copa ritualística de Wicca con vino rojo y la ofrece al gran sacerdote que toma la copa, bebe un poco del vino y dice:

Con toda humildad,
como el Gran Dios ordena,
le ordeno a mis brujos que beban.

El gran sacerdote ofrece la copa a uno de los miembros del convenio con la mano derecha. Con la izquierda toma la vela roja encendida del brujo y la apaga en el vino. El brujo bebe un poco de la copa. Este brujo es seguido por los demás miembros del convenio. Cuando todos han tomado del vino, el gran sacerdote dice:

> *Escuchad mis brujos las palabras del Gran Dios:*
> *Bebed, bailad y festejad*
> *en presencia de los antiguos dioses*
> *y los espíritus de nuestros muertos.*

31

En estos momentos, el convenio de brujos se sienta alrededor del círculo y comen y toman vino, pidiendo a los espíritus de los muertos que compartan las ofrendas de comida y vino. Luego todos concentran en las llamas del caldero, buscando entre estas las fases de sus seres amados fallecidos.

Diciembre 22 —Solsticio de invierno

Para los brujos, el solsticio de invierno es el verdadero año nuevo. En este festival se celebra el renacer del Dios Sol, cuando el invierno comienza, pero a la vez la luz del Sol comienza a prolongarse y los días son más largos.

Los antiguos romanos celebraban el festival de la Saturnalia en honor al dios Saturno, que era el dios de la agricultura, en diciembre 17. El festival se prolongaba hasta el 25 de diciembre, incluyendo el solsticio del invierno. Durante este festival, los romanos cerraban los negocios, dejaban de guerrear, le daban libertad temporal a sus esclavos y pasaban los días del festival en una fiesta continua. Muchos romanos celebraban también en esta fecha el festival del dios Mithra, adorado en la antigüedad como el dios de la luz. Las iglesias cristianas, con la intención de atraer a los paganos al cristianismo, escogieron el 25 de diciembre como la natividad o nacimiento de Jesús, el cual es considerado la luz del mundo. De esta manera, muchos paganos identificaron a Jesús con Mithras.

El festival del solsticio de invierno en Wicca comienza como siempre con la gran sacerdotisa trazando el círculo mágico. Ésta luego invoca la presencia de los Señores Guardianes de las Atalayas. El altar ha sido adornado con muérdago, ramas de pino, y otras yerbas o flores del invierno.

Las luces de la habitación son apagadas y hay dos velas rojas encendidas en el altar. El caldero también está encendido y llameante en el sur del círculo. Las llamas del caldero contienen ramas y hojas de nueve árboles distintos entre los que se encuentran el cedro, el pino, el serbal, el álamo, el enebro, el saúco, el acebo y el árbol de manzana. El caldero es adornado con ramas de pino y flores de invierno como la baya de acebo.

El gran sacerdote baja a la Luna sobre la gran sacerdotisa la cual se para en el Oeste frente al caldero. Los brujos forman un círculo a su alrededor y comienzan a caminar despacio en el círculo, el cual está sólo iluminado por las llamas del caldero y las dos velas en el altar. Mientras dan vueltas, el gran sacerdote enciende una vela roja en las llamas del caldero y la entrega a cada brujo. Cuando cada uno tiene una vela encendida en la mano, la gran sacerdotisa procede a recitar la misma invocación que se usa en el ritual de Lammas el 1 de agosto. En este momento todos los brujos levantan las velas y recitan una vez y otra vez estas palabras:

¡Evoe! ¡Io! ¡Evoe! ¡Je!
¡Bendito sea! ¡Bendito sea!

El gran sacerdote recita las runas en estos momentos y cuando termina toma a la gran sacerdotisa de la mano y juntos saltan sobre las llamas del caldero. Los otros brujos también saltan en parejas sobre el fuego. Al terminar el salto cada uno grita en voz alta:

¡Jarrajia!

Esta palabra es la que concluye las runas de Wicca, como veremos más adelante. Luego todos los brujos pasan en fila frente a la sacerdotisa guiados por el gran sacerdote, quien la besa en la mejilla derecha. Todos los brujos se inclinan ante ella y también la besan en la mejilla. Las mujeres le hacen una cortesía. En estos momentos la gran sacerdotisa toma el cáliz ceremonial de Wicca, el cual el gran sacerdote llena de vino. La gran sacerdotisa sostiene el cáliz en alto sobre el caldero con ambas manos y el gran sacerdote se arrodilla ante ella, toma su athame o cuchillo ceremonial en la mano derecha y lo entierra en el vino. La gran sacerdotisa toma un poco del vino y ofrece el cáliz al gran sacerdote que también toma de él y lo pasa a los demás miembros del convenio, todos los cuales toman del vino. El cáliz es regresado por el último brujo a la gran sacerdotisa que se toma lo que queda del vino en la copa.

En estos momentos todos los brujos levantan sus athames en alto y los presentan a los cuatro puntos cardinales, comenzando en el Norte, que representa a la tierra y su elemento. Mientras hacen esto el gran sacerdote da gracias a los dioses por haber asistido al ritual y les da permiso para dejar el círculo. Luego todos festejan como siempre, comiendo las ofrendas del festival, tomando vino, bailando y haciendo juegos.

3

LA IMPORTANCIA DE LA LUNA

Antes de describir la ceremonia principal de Wicca es nece-
sario hablar un poco de la importancia de las fases de la
Luna en la Brujería y en toda magia. Como todos sabemos, la
Luna se divide en Luna Creciente y Luna Menguante. La Luna
Creciente comienza con la Luna Nueva culminando con la
Luna Llena. La Luna Menguante comienza con la Luna Llena y
termina con la Luna Nueva. El período de Luna Nueva a Luna
Nueva toma aproximadamente 28 días y cada uno de estos días
se conoce como una mansión lunar. Los 28 días del ciclo lunar
se conocen en Wicca, y en la práctica de la magia en general,
como las 28 Mansiones de la Luna.

Mientras viaja a través del firmamento dándole la vuelta a la
tierra, la Luna pasa por los 12 signos zodiacales, pasando alrededor de 2½ en cada signo. La influencia de la Luna en cada signo
afecta a la tierra y a los seres humanos profundamente y nadie
sabe esto mejor que Wicca. Por esta razón los brujos observan
cuidadosamente las llamadas "mareas lunares", que marcan los
signos donde está la Luna día por día. La Luna en el signo de

Libra, por ejemplo, es usada para llevar a cabo rituales y hechizos amorosos, ya que Libra es el signo que rige al amor y al matrimonio. Si lo que se desea es dinero, se espera hasta que la Luna esté en el signo de Leo o Sagitario. Para asuntos de negocio, la Luna debe estar en Virgo o Capricornio. Para la salud, en Leo. Naturalmente, es preferible que la Luna esté creciente en el signo escogido porque tiene más luz. La Luna Menguante en Wicca no se usa para rituales o hechizos positivos, sino para hacer rituales de despojo o de control sobre enemigos.

Durante su viaje mensual la Luna pasa por cuatro etapas: primer cuarto creciente, segundo cuarto creciente, tercer cuarto menguante y cuarto o último cuarto menguante.

36

El primer cuarto creciente comienza en Luna Nueva, cuando el Sol y la Luna están en conjunción, es decir, ambos están en el mismo signo y en el mismo grado. La Luna no es visible este día porque se eleva en el firmamento a la misma hora que el Sol. La época de la Luna Nueva se usa para emprender cosas nuevas, proyectos que favorezcan el crecimiento y la expansión de ideas y de actividades sociales.

El segundo cuarto creciente comienza en la misma mitad entre Luna Nueva y Luna Llena, cuando el Sol y la Luna están a 90 grados el uno del otro. Esta media Luna sale alrededor de las doce del día y se pone alrededor de la medianoche. Por esta razón se puede ver en el firmamento occidental durante las horas tempranas de la noche. El segundo cuarto creciente también es una época de crecimiento y expansión y se usa para adelantar cosas que ya han comenzado.

El tercer cuarto menguante comienza en Luna Llena, cuando el Sol está directamente opuesto a la Luna y sus rayos iluminan totalmente la esfera lunar. La Luna Llena se puede ver levantándose por el Este al ponerse el Sol. Después de esta etapa, sale cada vez más tarde cada noche. La noche de la Luna Llena dura 24 horas y es símbolo de iluminación, de la culminación de lo que se ha planeado y lo que se desea obtener. Es la noche preferida por Wicca para llevar a cabo grandes rituales y hechizos debido a la gran abundancia de luz lunar que está disponible para asuntos mágicos. Pero la Luna Llena es también una etapa donde las emociones son más difíciles de controlar, donde hay más desasosiego, y donde toda acción impulsiva resulta en derrota. Muchos precintos de policía están sobre aviso en las noches de Luna Llena porque muchos crímenes y actos violentos son cometidos en esta fase lunar. Es por esto necesario usar mucho control en toda magia que se lleva a cabo en esta noche. El Tercer Cuarto Menguante es una época de madurez, de fruición, y la forma más completa de toda expresión, tanto mental como material. Muchos brujos con experiencia trabajan ciertas magias en el Tercer Cuarto Menguante.

El cuarto o último cuarto menguante comienza en la misma mitad del ciclo entre la Luna Llena y la Luna Nueva, cuando el Sol y la Luna están de nuevo a 90 grados de distancia, pero formando una cuadratura. Por esta razón esta época no es utilizada en Wicca para trabajos mágicos positivos, como amor y dinero. La Luna del último cuarto menguante empieza a levantarse en el firmamento a la medianoche y puede ser vista desde el Este del cielo desde esa hora en adelante. Esta Luna alcanza el zenit, o el centro del firmamento, cuando el Sol comienza a salir por la mañana. El período del último cuarto menguante es una época de desintegración, de reflexión y reorganización. No es tiempo de actuar en ningún nivel.

La noche antes de la Luna Nueva, que es la época cuando la Luna está más privada de luz, se conoce en la práctica de la magia como la noche de la Luna Negra. Es una noche tenebrosa, donde es preferible quedarse en casa y no salir a la calle, si no es absolutamente necesario. Hay muchas fuerzas oscuras pululando por la tierra en esta noche y sus influencias pueden ser altamente destructivas. Fue precisamente una noche de Luna Negra, 24 horas antes de la Luna Nueva, que la Princesa Diana de Inglaterra murió en un accidente automovilístico. Diana pertenecía al signo de Cáncer, que es regido por la Luna, y su nombre, Diana, era el nombre que los antiguos romanos daban a la Luna. Por esta doble razón, la Princesa Diana era más susceptible a las mareas lunares que otras personas. Las influencias lunares negativas de esa noche impactaron fuertemente su gran tragedia.

A continuación se presenta una lista de la Luna en los 12 signos zodiacales y lo que influencia en estos días:

Luna en Aries, estos días son excelentes para comenzar cosas nuevas pero no tienen permanencia debido al fuego tempestuoso de Aries. Las cosas suceden rápidamente en esta expectación lunar pero también terminan con igual rapidez.

La importancia de la Luna

Luna en Tauro, todo lo que se comienza durante este aspecto es lo que más duración y estabilidad tiene. Los negocios, especialmente, tienden a aumentar en valor cuando se comienzan con la Luna en Tauro. Esta Luna afecta el dinero y todo asunto de finanzas fuertemente, y su influencia puede ser positiva o negativa dependiendo de si la Luna está creciente o menguante.

Luna en Géminis, este aspecto lunar afecta los papeles, los contratos, los estudios y las comunicaciones. Si la Luna está creciente la influencia es positiva; si está menguante, es negativa. Durante esta expectación se habla mucho pero se consolida poco. Hay muchas influencias externas afectando todo evento.

39

Luna en Cáncer, afecta las mujeres, la familia, la madre y los viajes, ya sea de forma positiva o negativa dependiendo de la posición de la Luna, creciente o menguante. La Luna en Cáncer estimula la comunicación y las emociones entre las personas, haciéndolas más efectivas. Hace a las necesidades humanas más obvias y sensitivas y nutre el crecimiento emocional.

Luna en Leo, afecta a los romances, a los niños y los entretenimientos, que pueden ser positivos si la Luna está creciente o negativos si está menguante. En este aspecto lunar la gente está más propensa a los halagos, a ser el centro de atención y tienden a ser melodramáticos en sus acciones. Hay más deseo de salir a divertirse y de asistir a funciones teatrales.

Luna en Virgo, afecta la salud, las dietas y la organización meticulosa en el hogar y en los negocios, de forma positiva si está creciente y negativa si está menguante. Hay más atención a los detalles y más inclinación hacia el perfeccionismo. La gente tiende a ser más dictatorial y la independencia de acción o de palabra no es bien tolerada en el trabajo o en el hogar.

Luna en Libra, afecta los amores, el matrimonio, los socios, las artes y los placeres de forma positiva si está creciente o negativa si está menguando.
La gente está más consciente de sí misma y de sus acciones. Este aspecto favorece la autodiscriminación y la interacción con otras personas, pero no es favorable para la iniciativa espontánea.

Luna en Escorpión, afecta a la sensualidad del ser humano, induce a los celos y hacia la desconfianza. Estas influencias son menos impactantes si la Luna está creciente pero se recrudecen si está menguando. Por otra parte, la Luna Creciente en Escorpión es excelente para el desarrollo del psiquismo en el ser humano. Una de sus influencias más drásticas es su tendencia a terminar relaciones. Toda relación que termina con la Luna en Escorpión es una ruptura permanente. Por esto es aconsejable evitar discusiones o enfrentamientos durante este aspecto lunar.

Luna en Sagitario, este aspecto trae abundancia, prosperidad, dinero y expansión si la Luna está creciente; pero trae restricciones en las finanzas si está menguante. La Luna en Sagitario afecta a los jefes en el trabajo, los jueces, directores de bancos y personas con autoridad o posiciones de poder, los cuales se inclinan a ser magnánimos si la Luna está creciente y muy negativos si está menguando en este signo. La Luna en Sagitario inclina al expansionismo, da vuelo a la imaginación y la confianza en sí mismo.

Luna en Capricornio, afecta la agricultura, los ancianos, las herencias y el empleo de forma positiva si está creciente y negativa si está menguando. Este aspecto lunar inclina al pesimismo, a la cautela y a la necesidad de planificar toda acción meticulosamente. La gente tiende a estar más disciplinada y mejor organizada con la Luna en Capricornio. No se toman riesgos innecesarios y calculan cuidadosamente toda decisión importante.

Luna en Acuario, este aspecto lunar es diametralmente opuesta a la de la Luna en Capricornio. La inclinación es hacia la excentricidad, hacia todo lo que es nuevo e innovativo. Es una época durante la cual se llevan a cabo acciones impulsivas, sin considerar sus posibles resultados. Acuario es un signo explosivo y volátil, ya que rige la tecnología y la bomba atómica. La Luna, siendo voluble y variable, multiplica estas tendencias haciendo este período muy peligroso si no se usa el control en toda acción. Naturalmente que la posición de la Luna afecta doblemente esta aspectación, haciéndola doblemente explosiva si está menguante.

41

Luna en Piscis, este aspecto inclina hacia el misticismo, la meditación y la auto-introspección. También inclina hacia excesos en las bebidas y las drogas, por lo cual es importante tener sumo control en estos días y evitar el exceso de alcohol y toda droga. La gente tiende a estar más sensitiva que de costumbre, más inclinada hacia el idealismo y la espiritualidad. Los sueños que se tienen en estos días son muchas veces proféticos. Piscis es un signo susceptible que es a menudo explotado y utilizado por los demás. Por esta razón, cuando la Luna está en Piscis es importante evitar personas explosivas y posponer préstamos hasta que la Luna salga de este signo y la mente esté más clara y más centralizada en el mundo material. La Luna menguante en este signo duplica estas influencias.

42

Para saber en qué signo está la Luna en determinado día del mes y cuándo está menguando o creciendo es necesario tener siempre a mano un almanaque astrológico que provea esta información.

Como mencioné anteriormente la Luna permanece alrededor de 2½ días en cada signo, lo que permite demorar decisiones importantes afectando situaciones específicas hasta que la Luna esté creciente en el signo adecuado. Los brujos sólo llevan a cabo sus magias cuando la Luna está en el signo que rige a la magia que desean hacer.

Otro aspecto lunar de gran importancia en la práctica de la magia es la época cuando se dice que la Luna "cae en el vacío". Esta información también puede obtenerse a través de un almanaque astrológico. Cuando la Luna está en el vacío no debe comenzarse nada nuevo porque nunca llega a realizarse.

La importancia de la Luna

La Luna cae en el vacío cuando forma el último aspecto con uno de los planetas que está en el signo visitado por la Luna. Desde ese momento hasta que la Luna sale de ese signo para entrar al próximo, se dice que la Luna está en el vacío, es decir, no tiene trayectoria. Por ejemplo, si la Luna forma un triuno o una cuadratura con el planeta Mercurio en el signo de Cáncer, y este es el último aspecto que forma en el signo de Cáncer, sale de curso en esos momentos y cae en el vacío. Y continua en el vacío hasta que sale de Cáncer para entrar al próximo signo que es Leo. Esto generalmente sólo dura unas pocas horas pero esas horas son de primordial importancia en toda acción humana y especialmente en la práctica de la magia ya que durante esas horas la Luna no tiene dirección y todo lo que se haga o se comience en esas horas es vano o nulo. Esta es una de las razones por la cual muchas magias no funcionan. Si la persona que lleva a cabo el trabajo mágico no tiene suficientes conocimientos sobre las llamadas "mareas lunares", incluyendo la Luna en el vacío, va a sentirse defraudada cuando su "magia" no resulte. En casos cuando se desea llevar a cabo rituales y ceremonias de invocación o evocación, cuando se llama a un espíritu a que se materialice frente a la persona, es también indispensable observar el signo en el cual está el Sol y las aspectaciones entre planetas para que la ceremonia sea efectiva.

La posición de la Luna y sus aspectos son de tremenda importancia en Wicca. Ninguna ceremonia o hechizo son llevados a cabo sin antes calcular la influencia lunar y planetaria.

4

LA CEREMONIA DE WICCA
Y EL GRAN RITO

L o primero que un brujo aprende en Wicca es cómo trazar y consagrar el círculo mágico, el cual sirve no sólo como protección contra fuerzas oscuras sino también como ayuda en la concentración durante rituales. Para trazar y consagrar el círculo el brujo necesita varios implementos: el cuchillo ceremonial conocido como athame; el pentáculo, el cual es un disco que puede ser de cobre, de madera o de plata, de alrededor de 6 pulgadas de diámetro grabado con varios de los símbolos de Wicca; sal, preferiblemente sin iodo; un pequeño recipiente de agua con un aspersor; un incensario con carbones e incienso; y 4 candelabros con velas blancas.

Las dimensiones ideales del círculo mágico son 9 pies de diámetro, pero esto puede alterarse si el grupo es muy grande o si se lleva a cabo a la intemperie. Cualquiera de los miembros del convenio puede trazar el círculo, pero generalmente es la gran sacerdotisa la que lleva a cabo esta labor.

Los 4 candelabros se colocan en los 4 puntos cardinales. Si la ceremonia tiene lugar en una habitación, se apagan todas las luces y el círculo es iluminado sólo por las velas. El altar, que consiste de una mesa con dos velas blancas, se coloca en el Norte de la habitación porque los brujos trabajan su magia en este punto cardinal que se identifica con el elemento tierra. Por esta razón, Wicca se conoce como una religión de la tierra.

El incienso se enciende y se coloca sobre el altar. En este momento la gran sacerdotisa consagra el agua. Para hacer esto coloca el recipiente de agua sobre el pentáculo, mete la punta del athame en el líquido y dice:

"Te exorcizo, criatura de agua, para que te despojes de toda impureza y de toda oscuridad creada por los espíritus del mundo de los fantasmas, en nombre de Aradia y de Karnayna".

Luego pone a un lado el agua y echa un poco de sal sobre el pentáculo. Coloca la punta del athame sobre la sal y dice:

"Bendiciones sean con esta criatura de sal. Que toda malignidad y obstáculo sean desterrados de aquí en estos momentos y sólo cosas buenas puedan entrar. Recordad siempre que el agua purifica el cuerpo y el látigo purifica el alma. Por esta razón te bendigo, para que me asistas en mi rito, en nombre de Aradia y de Karnayna".

Una vez que ha exorcizado la sal, la gran sacerdotisa la vacía adentro del agua, la cual es considerada agua bendita. Luego apunta el athame hacia el punto Norte y comienza a moverse hacia la derecha, trazando un círculo invisible en el aire de Norte a Este, de Este a Sur, de Sur a Oeste, y de Oeste a Norte de nuevo para sellar el círculo. Este movimiento hacia la derecha imita el movimiento del Sol y de las manillas del reloj. Se conoce como "deosil" y es usado siempre en la magia blanca. El movimiento hacia la izquierda se conoce como "widdershins" y se usa comúnmente en ceremonias de magia negra, aunque a veces se usa en rituales de magia blanca por razones especiales. Una vez que el círculo ha sido trazado nadie debe moverse hacia la izquierda dentro de éste.

Mientras la gran sacerdotisa está trazando el círculo, dice:

*"Yo te conjuro, círculo de poder, para que seas una
barrera entre el mundo material y el mundo espiritual,
un guardián y protector que ha de preservar y contener todo
el poder que hemos de crear en tu interior. Por esta
razón te consagro y te bendigo".*

47

Cuando la sacerdotisa comienza a trazar el círculo con el athame, forma con éste en el punto Noreste, entre Norte y Este, una puerta invisible para que los demás miembros del convenio puedan entrar al círculo una vez que éste haya sido consagrado. Luego que todos han entrado, ella sella esa puerta astral para que el círculo quede cerrado.

Tan pronto ha trazado el círculo, la gran sacerdotisa procede a purificarlo asperjándolo con el agua de sal de Norte a Norte. Luego pasa el incensario seguido por la vela del punto Norte por todo el círculo, siempre de Norte a Norte. Esto purifica el círculo con los 4 elementos: agua, tierra (la sal), aire (el incienso) y fuego (la vela).

Una vez que ha purificado el círculo, la gran sacerdotisa se para frente al Este y con la punta del athame traza un pentagrama o estrella de 5 puntas en el aire. Hay varias formas de trazar el pentagrama; de arriba hacia abajo, de abajo hacia arriba, de derecha a izquierda, y de izquierda a derecha como se puede apreciar en el diagrama. Cada una de las formas de trazar el pentagrama está asociada con los 4 elementos: tierra, aire, fuego y agua, además del quinto elemento que es el éter o espíritu. Este quinto elemento es también conocido en la magia ceremonial como akasha. Hay dos tipos de pentagrama, el de invocación y el de desvanecer. El pentagrama de invocación se usa al empezar toda ceremonia y es el que usa la gran sacerdotisa al trazar el círculo. El pentagrama de desvanecer se usa para borrar el círculo cuando la ceremonia ha concluido. Como indiqué antes, el pentagrama es una nueva adición a Wicca y proviene de la magia ceremonial ritualística basada en enseñanzas cabalísticas. (Ver figura en la siguiente página).

48

La gran sacerdotisa se para frente al Este, apunta el athame frente a ella y dice:

"Oh Señores de las Atalayas del Este, os llamo y conjuro para que seáis testigos de mi ritual y guardéis el círculo".

Mientras dice estas palabras, traza en el aire el pentagrama de invocación del elemento tierra, de arriba hacia abajo. Luego apunta hacia el centro del pentagrama invisible con el athame, besa la hoja del cuchillo y la coloca sobre su corazón.

Luego se mueve hacia el Sur y dice:

"Oh Señores de las Atalayas del Sur, os llamo y conjuro para que seáis testigos de mi ritual y guardéis el círculo".

Caminando hasta el Oeste, repite:

"Oh Señores de las Atalayas del Oeste, os llamo y conjuro para que seáis testigos de mi ritual y guardéis el círculo".

Y por fin, frente al Norte, hace de nuevo su llamado:

"Oh Señores de las Atalayas del Norte, os llamo y conjuro para que seáis testigos de mi ritual y guardéis el círculo".

Símbolo de Wicca

Invocación   *Desvanecer*   *Invocación*   *Desvanecer*

Tierra   Fuego

Aire   Agua

Espíritu-activo   Espíritu-pasivo

* Pentagrama de los 4 elementos: (tierra, aire, fuego y agua) además del quinto elemento espíritu (éter, akasha).

En cada punto cardinal traza el mismo pentagrama de invocación del elemento tierra con el athame, apuntando al centro del pentagrama, besando la hoja y poniéndola sobre su pecho. Los Guardianes de las Atalayas son espíritus de inmenso poder, asociados con los ángeles. Los pentagramas son trazados en el Este porque todos los espíritus de luz se invocan comenzando desde este punto cardinal. Cuando la invocación se hace desde el Oeste, las fuerzas que se invocan son siempre oscuras. De modo que el círculo es trazado de Norte a Norte porque la ceremonia de Wicca se lleva a cabo en el mundo material, la tierra, asociada con el Norte; pero los espíritus se invocan siempre de Este a Este.

Antes de invocar a los Señores de las 4 Atalayas, la gran sacerdotisa admite al resto del convenio adentro del círculo mágico, el cual sella de inmediato con la punta del athame.

El primero que entra al círculo es el gran sacerdote, a quien la gran sacerdotisa besa en la mejilla izquierda y le da vueltas colocándolo a su espalda. Luego entran los demás miembros del convenio. El gran sacerdote besa a las mujeres en la mejilla y la gran sacerdotisa saluda a los hombres de la misma manera. Luego que están todos adentro del círculo, la gran sacerdotisa procede a invocar a los Guardianes de las 4 Atalayas con la ayuda del pentagrama. Cada miembro del convenio tiene también un athame y todos lo levantan en alto cada vez que la gran sacerdotisa invoca a uno de los Guardianes.

Una vez que han sido invocados los 4 Guardianes, el gran sacerdote procede a "Bajar a la Luna" sobre la gran sacerdotisa. La Luna en este caso es la Gran Diosa, o Madre Cósmica.

La gran sacerdotisa se para en el punto Norte en la "posición del Dios".

En esta posición la gran sacerdotisa mantiene los pies juntos y los brazos cruzados sobre el pecho. En una mano tiene el athame y en la otra el látigo de ritual. El gran sacerdote le da el Beso Quíntuple y se arrodilla frente a ella y dice:

"Yo te invoco y te llamo, Oh Poderosa Madre de Todos,
la que das el regalo de la fertilidad en semilla, en raíz,
en capullo y tallo; en hoja, flor y fruto. Por la vida y
el amor te invoco a que desciendas en el cuerpo
de esta, tu servidora y sacerdotisa".

El gran sacerdote y los hombres presentes besan a la gran sacerdotisa en la mejilla derecha. Las mujeres le hacen una reverencia, pasando frente a ella una por una. La gran sacerdotisa traza el pentagrama de invocación de la tierra frente a ella con el athame diciendo:

51

"De la Madre Oscura y Divina mío es el látigo
de purificación y mío el beso, mía la estrella de 5 puntas
de amor y éxtasis. Con este signo aquí os mando".

En estos momentos asume la "posición de la Diosa". En esta posición abre los brazos a cada lado y abre también los pies, formando un pentagrama o estrella con su cuerpo.

El gran sacerdote dice:

"Escuchad las palabras de la Gran Madre, quien en
la antigüedad fue conocida por muchos nombres:
Artemis, Astarte, Dione, Melusina, Afrodita, Diana,
Cerridwen, Dana, Arianrod, Isis y muchos otros.
En sus altares los jóvenes de Lacedaemon en Esparta
llevaron a cabo los debidos sacrificios".

En estos momentos la gran sacerdotisa procede a recitar el Mandato de la Diosa, el cual veremos en su totalidad en el próximo capítulo junto con las runas.

Cuando la gran sacerdotisa termina de recitar el Mandato, el convenio procede a levantar el cono del poder. Para llevar esto a cabo el convenio se coloca en círculo alternando hombre y mujer, todos cogidos de la mano. La gran sacerdotisa y el gran sacerdote también forman parte de este círculo. Todos comienzan a caminar, al principio despacio y luego cada vez más rápido mientras recitan las runas. Esto hace que grandes cantidades de energías sean emitidas por los miembros del convenio, que al final están corriendo adentro del círculo. Mientras corren, recitan la última parte de las runas que dicen:

Eko, eko azarak
Eko, eko zamilak
Eko, eko, Karnayna
Eko, eko, Aradía
Bezabi, lacha, bachababa
Lamach, caji, achababa
Karrelos, caji, achababa
Lamach, lamach, bachabarous
Carbajayi, sabalios, Barilos
Lazos, atame, caliolas
Samajac, et famiolas
¡Jarrajaia!

Cuando la gran sacerdotisa juzga que suficiente energía ha sido creada y que el gran cono de poder ha sido erigido en el centro del círculo detiene al convenio con el último grito de:

¡Jarrajaia!

En estos momentos el convenio procede a utilizar las energías del cono para llevar a cabo el trabajo mágico de la noche que puede consistir en hechizos, visualizaciones, curaciones, o la magia favorita de los brujos, que es la magia del cordón mágico, que discutiremos en un próximo capítulo.

Si se celebra un Sabat o gran festival en esta noche, se añade la ceremonia de ese Sabat después de haber sido recitado el Mandato. Luego se levanta el cono del poder con las runas.

Después de terminar los trabajos mágicos, se sientan todos alrededor del círculo a disfrutar de los bizcochos, frutas y vino que han estado esperando en el altar.

Antes de tomar el vino y comer las ofrendas la gran sacerdotisa las consagra y purifica. Para hacer esto se para de nuevo en la posición del Dios, píes unidos, brazos cruzados sobre el pecho, el athame en la mano derecha y el látigo en la izquierda. El gran sacerdote besa sus píes y sus rodillas y se arrodilla con la cabeza inclinada ante ella. Luego llena de vino rojo dulce la copa ritualística que uno de los brujos pone en sus manos y la eleva frente a la gran sacerdotisa, siempre con la cabeza baja. Esta pone la punta del athame adentro del cáliz y dice:

"Según el athame representa al hombre, así la copa representa a la mujer y en conjunto traen la felicidad".

La gran sacerdotisa toma un poco del vino, da el cáliz al gran sacerdote que toma de éste y lo pasa al resto del convenio. Todos toman un poco de él y regresan la copa a la gran sacerdotisa que apura lo que queda del vino.

El gran sacerdote presenta ante la gran sacerdotisa el pentáculo donde han sido colocados en forma de montículo todos los bizcochitos. Al presentar el pentáculo dice:

"Oh Diosa, la más secreta, bendice estas ofrendas en nuestros cuerpos, dándonos energía, fuerza y poder, paz y alegría y ese amor que es la perpetua felicidad del ser humano".

La ceremonia de Wicca y el Gran Rito

La gran sacerdotisa toca la ofrenda con la punta del athame para bendecirla. Luego come uno de los bizcochitos. El gran sacerdote come otro y pasa el resto a los demás miembros del convenio. Si hay más bizcochos y frutas todos son consagrados de la misma manera. Luego se llevan a cabo los juegos de la noche y al final, la gran sacerdotisa reúne al convenio en el círculo y procede a despedir a los 4 Guardianes de las Atalayas usando el pentagrama de desvanecer del elemento tierra, trazando el pentagrama esta vez de abajo hacia arriba. Cuando traza el pentagrama del Este dice:

"Oh Señores de las Atalayas del Este, os doy gracias por vuestra presencia en esta ceremonia y antes que partáis a vuestras hermosas mansiones os digo Adiós y Hasta Pronto".

Después de trazar el pentagrama, apunta hacia su centro, besa la hoja y la coloca sobre el corazón. El convenio sigue sus movimientos con sus athames. Estas mismas palabras son repetidas con el pentagrama en los otros tres puntos cardinales, pero saludando al Guardián de acuerdo con el punto que le corresponde.

Luego él pasa la punta del athame alrededor de Norte a Norte de nuevo diciendo:

"Este círculo queda desvanecido y el ritual ha terminado".

Las velas se apagan en el mismo orden en que se encendieron. Luego se apagan las velas del altar y se encienden las luces del cuarto. La gran sacerdotisa toca la campana de ritual 10 veces y todos dan con el pié en el suelo 10 veces también para marcar el regreso al mundo material. El agua que queda y las cenizas del incienso se tiran por el desagüe. Las velas se guardan para usarlas en otra ocasión. Cada brujo recoge sus implementos de ritual y todos se besan en la mejilla diciendo:

"Felices nos encontramos y felices nos despedimos.
Bendito sea".

Este es el final de la principal ceremonia de Wicca la cual se celebra en cada Esbat y Sabat.

El Gran Rito

Esta ceremonia es secreta y muy antigua y raras veces se usa en tiempos modernos. Consiste del acto sexual entre el gran sacerdote y la gran sacerdotisa, quienes a menudo son marido y mujer, o entre una de las parejas de brujos que forman parte del convenio. El Gran Rito nunca se celebra en público, sino en privado, después que ha terminado la ceremonia. Se utilizaba en tiempos antiguos para ratificar un acto mágico de gran importancia, uniendo de esta manera los elementos femenino y masculino representados por Aradia y Karnayna. Es una ceremonia similar a la usada en Tantra Yoga y se considera un acto de amor universal entre dos seres altamente espirituales quienes se aman profundamente. Pero en la mayor parte de los convenios modernos, donde el gran sacerdote y la gran sacerdotisa no son esposos, el Gran Rito nunca se lleva a cabo. Muchos brujos modernos consideran que no es necesario ya que el trabajo en grupo del convenio es suficientemente dinámico para no necesitar la energía sexual de sus participantes. El Gran Rito se menciona aquí porque en antaño formó una parte intrínseca de Wicca y es parte de su historia y tradición.

5

LAS RUNAS Y EL MANDATO

Como vimos en el capítulo anterior, las runas son tal vez la parte más importante de la ceremonia central de Wicca, durante la cual los brujos levantan el cono del poder. A continuación las runas de Wicca.

Runas

Noche oscura, clara Luna,
escuchad de mí las runas.
Este al Sur, Oeste al Norte,
venid, venid hasta mi corte.

Tierra y agua, aire y fuego,
con poder y potestad,
os invoco y os ordeno,
a que hagáis mi voluntad.

Las runas y el mandato

Por los poderes de tierra y mar,
obedecedme, afuera el mal.
Varita, pentáculo y espada,
adentro todo, afuera nada.

Cordón, incienso y mi cuchillo,
traedme fuerza, de luz el brillo.
Poderes todos de esta mi hoja,
el mal rechace, el bien escoja.

Reina del día y de la noche,
a esta mi magia ponle tu broche.
Y tu, el que cazas en el manglar,
dale tu fuerza a mi ritual.

Por los poderes de Luna y Sol,
yo siempre venzo con el valor.
Por los poderes de tierra y mar,
lo que deseo ha de pasar.

Por mi fuerza y mi derecho,
el hechizo ya está hecho.

Eko, eko, azarak.
Eko, eko, zamilak.
Eko, eko, Karnayna.
Eko, eko, Aradía.
Bezabi, lacha, bachababa.
Lamach, caji, achababa.
Karrelos, caji, achababa.

Las runas y el mandato

Lamach, lamach, bacharous.
Carbajayi, sabalios, Barilos.
Lazos, atame, caliolas.
Samajac et famiolas.
¡Jarrajaia!

Los versos que empiezan con *Eko, eko, azarak* y terminan con *Jarrajaia* se repiten una y otra vez mientras los brujos corren alrededor del círculo para levantar el cono del poder. La gran sacerdotisa decide cuándo van a terminar las runas, recitando el último "Jarrajaia". Las runas se repiten alternando en voz baja y en voz alta. Es la parte más impresionante de la ceremonia de Wicca. Muchas personas dicen haber visto el cono de poder levantarse como una pirámide en el centro del círculo mientras se cantan las runas.

El mandato

El mandato es un llamado de la Gran Diosa o Diosa Blanca, identificada con la Luna, con la naturaleza y la Madre Cósmica. A través del mandato la Gran Diosa instruye a los brujos, sus hijos, en la forma perfecta de adorarla y rendirle pleitesía. El mandato siempre forma parte de la ceremonia tradicional de Wicca y es pronunciado por la gran sacerdotisa, la cual representa a la Gran Diosa. Antes de pronunciar el mandato, se invoca a la Diosa a que descienda y se posesione de la gran sacerdotisa. Esta invocación, como vimos en el capítulo anterior, se conoce como "Bajar a la Luna", la cual simboliza a la Gran Diosa. El gran sacerdote asiste a la gran sacerdotisa durante este impresionante ritual. El formato del mandato sigue a continuación.

Las runas y el mandato

Gran sacerdote: Escuchad ahora las palabras de la Gran Madre, que en la antigüedad fue conocida entre los hombres como Artemis, Astarte, Atena, Dione, Melusina, Afrodita, Cerridwen, Dana, Arianrod, Isis y muchos otros nombres. En sus altares, la juventud de Lacedaemon en Esparta, le hicieron los debidos sacrificios.

Gran sacerdotisa: Cuando tengáis necesidad de algo, una vez al mes, y preferiblemente en Luna Llena, os reuniréis en un lugar secreto, y adorareis mi espíritu, pues soy la Reina de todos los brujos. Allí os congregareis, todos vosotros que deseáis aprender todo hechizo, pero que aun no conocéis sus más profundos secretos. Y os enseñaré cosas que aun son desconocidas.

Y seréis libres de toda esclavitud; y bailareis, cantareis, haréis festejos, haréis música y haréis el amor en mi nombre. Porque mío es el éxtasis del espíritu y mía es también la alegría en la tierra. Y mi ley es el amor hacia toda criatura. Mantened puro vuestro más alto ideal; luchad siempre para obtenerlo, no permitáis que nada os detenga ni os desvíe porque mía es la puerta secreta que lleva a la juventud y mía es la copa del vino de la vida y el caldero de Cerridwen, que es el Santo Grial de la inmortalidad. Yo soy la Diosa gentil, la que otorga el don de la felicidad al corazón humano. En la tierra, soy la que doy el conocimiento del espíritu eterno; y más allá de la muerte, soy la que doy la paz, la liberación y la reunión con aquellos que partieron primero. No exijo sacrificios porque soy la Madre de todo ser viviente y mi amor es derramado sobre la tierra.

Las runas y el mandato

Gran sacerdote: Escuchad las palabras de la Diosa Estrella; Ella, en el polvo de cuyos pies están las huestes celestiales y cuyo cuerpo circunda el todo universo.

Gran sacerdotisa: Yo soy la belleza de la tierra verde; la Luna blanca entre las estrellas; el misterio de las aguas; y el deseo en el corazón humano. Llamad a mi alma; levantaos y venid a mí, pues soy el alma de la naturaleza y doy vida al universo. De mí todas las cosas proceden y a mí todas las cosas han de retornar. Ante mi rostro, bienamado de los dioses y de los hombres, dejad que la divinidad de vuestro ser sea envuelta en el éxtasis del infinito. Permitid que la adoración a mi espíritu vibre en vuestros corazones porque todos los actos de amor y de placer son mis rituales. Por lo tanto permitid que haya belleza, fuerza, poder, compasión, honor, humildad, alegría y reverencia en vuestro ser. Y aquellos de vosotros que creéis que podéis buscarme, aprended que toda vuestra búsqueda y anhelo será en vano hasta que no conozcáis el gran misterio: Que si aquello que buscáis no lo encontráis adentro de vosotros mismos, nunca lo encontrareis afuera de vosotros. Porque he aquí que yo he estado con vosotros desde el principio y soy aquello que se alcanza al final del deseo.

6

LAS INICIACIONES

Todo aspirante a brujo tiene que ser iniciado en los secretos de la religión. Wicca tiene tres iniciaciones tradicionales: primer, segundo y tercer grado, que es la más alta de las iniciaciones. Cuando un brujo alcanza el tercer grado puede abandonar el convenio y crear su propio círculo con otros brujos si así lo desea. Sólo los iniciados del tercer grado pueden aspirar al título de gran sacerdote o gran sacerdotisa.

Iniciación del Primer Grado

Esta es la primera iniciación que recibe el aspirante a brujo. Cuando pasa esta iniciación se le considera miembro de ese convenio y debe rendir siempre homenaje al gran sacerdote y a la gran sacerdotisa que lo dirigen.

Durante la iniciación del primer grado, sólo el aspirante a brujo, el gran sacerdote y la gran sacerdotisa están presentes adentro en la habitación donde la iniciación va a tener lugar.

A veces la doncella, quien es la asistente de la gran sacerdotisa, también está presente durante la ceremonia. El resto del convenio espera a que termine la iniciación en una habitación separada.

La iniciación comienza con la ceremonia principal de Wicca que discutimos en el capítulo 4. El aspirante, quien ha sido bañado ritualmente, entra al círculo por la puerta astral que ha trazado la gran sacerdotisa en el Noreste del círculo. En la mayor parte de los convenios el aspirante entra desnudo al círculo, aunque hay convenios que permiten a la persona estar vestida, generalmente con una túnica negra. El aspirante está también vendado.

La gran sacerdotisa coloca la punta de su athame sobre el pecho del aspirante y dice:

"Oh tu que estás de pié en el umbral entre el mundo material y el mundo de los temidos Señores de los espacios astrales, ¿tienes el valor de hacer la prueba?".

El aspirante dice:

"Lo tengo".

La gran sacerdotisa continua:

"Porque en verdad te digo que mejor sería que te abalanzarás sobre la punta de mi cuchillo que hacer el atentado con temor en tu corazón".

El aspirante le contesta:

"Tengo dos contraseñas".

La gran sacerdotisa:

"¿Cuáles son las dos contraseñas?".

Las iniciaciones

El aspirante:

"Amor perfecto y confianza perfecta".

La gran sacerdotisa:

"Los que traen estas contraseñas son doblemente
bienvenidos. Y te doy una tercera para traerte
adentro del círculo".

Al decir estas palabras le da un beso ligero en los labios y lo guía al sur del círculo donde procede a amarrar un cordón en el tobillo derecho del aspirante, diciendo:

"Los pies no están ni libres ni atados".

Luego toma otro cordón, mucho más largo, y le amarra las manos al aspirante en la espalda. Sube el cordón hasta colocarlo alrededor del cuello del aspirante, donde lo amarra, dejando caer lo que resta sobre su pecho.

Esta es la parte de la iniciación que requiere la máxima confianza del aspirante en la gran sacerdotisa y el gran sacerdote, ya que está vendado, las manos atadas a la espalda y el cordón amarrado alrededor del cuello. Está prácticamente incapacitado para defenderse si las dos personas en las que ha confiado su vida decidieran hacerle algún daño físico. Por esta razón las dos contraseñas son: "Amor perfecto y confianza perfecta". El aspirante tiene perfecta confianza de que la ceremonia en la que está participando es una prueba de amor y no de tortura.

La gran sacerdotisa toma el athame en la mano derecha y con la izquierda toma el cordón que cuelga sobre el pecho del aspirante y lo hala por el cordón hasta llevarlo al este del círculo. Con el athame apunta hacia arriba y dice:

Las iniciaciones

"Observad, Oh Señores de las Atalayas del Este que este aspirante (menciona el nombre) ha sido debidamente preparado para ser iniciado como brujo (bruja) y sacerdote (sacerdotisa)".

La gran sacerdotisa repite las mismas palabras en el Sur, Oeste y Norte pero invocando a los Guardianes de estos puntos cardinales, siempre halando al aspirante hacia cada punto cardinal con el cordón. Luego le pasa el brazo izquierdo al aspirante alrededor de la cintura y corre con él (deosil) tres veces alrededor del círculo. Una vez de nuevo en el Este la gran sacerdotisa toca la campana 11 veces y dice:

En otras religiones el aspirante se arrodilla, mientras el sacerdote que lo inicia está de pie frente a él. Pero en el Arte Mágico aprendemos a ser humildes y es el sacerdote o sacerdotisa quien se arrodilla y dice:

"Benditos sean tus pies que te han traído a este camino".
(Aquí la gran sacerdotisa se arrodilla y besa los pies del aspirante).

"Benditas sean tus rodillas que te permiten arrodillarte ante el altar". (Besa sus dos rodillas).

"Bendito sea tu vientre, semilla de la vida". (Besa su vientre).

"Bendito sea tu pecho, formado en belleza y poder". (Besa los dos pechos).

"Benditos sean tus labios, que han de pronunciar los nombres sagrados". (Besa sus labios).

Este es el Beso Quíntuple que ya hemos discutido.
La gran sacerdotisa dice:

"Antes que hagas tu juramento, ¿estás dispuesto a pasar la prueba y ser purificado?".

Las iniciaciones

El aspirante responde que sí, y en estos momentos la gran sacerdotisa le toma las medidas mágicas con un cordón rojo. Primero la gran sacerdotisa le mide la cabeza con uno de los extremos del cordón y hace un nudo en éste; partiendo desde ese nudo mide alrededor del pecho del aspirante y hace otro nudo; luego desde ese nudo mide las caderas haciendo el tercer nudo; y por fin desde ese nudo mide la altura del aspirante formando el último nudo.

La gran sacerdotisa dice:

"En la antigüedad, estas medidas eran guardadas por el convenio junto a cortes de tu cabello y uñas para obligarte con ellos a permanecer en Wicca, pero como has entrado al círculo con amor perfecto y confianza perfecta, yo te devuelvo tus medidas".

Después procede a doblar el cordón varias veces y lo ata al brazo del aspirante. Luego ata los tobillos del aspirante con el cordón que estaba suelto y lo hace arrodillar con la cabeza baja cerca de sus rodillas. La gran sacerdotisa toca la campana tres veces con el athame y procede a dar 40 azotes con el látigo en la espalda del aspirante. Los latigazos son divididos en 4 grupos: primero 3, luego 7, después 9, y por último 21 veces. El látigo de Wicca es simbólico y las tiras que lo forman son generalmente de seda y no hacen daño al aspirante.

Al terminar los latigazos rituales, la gran sacerdotisa dice:

"Has pasado la prueba con valentía. ¿Estás dispuesto a jurar que siempre serás fiel a nuestro Arte y a proteger, ayudar y defender a tus hermanos y hermanas de Wicca?".

Las iniciaciones

El aspirante responde que sí y la gran sacerdotisa continua:

"Entonces repite conmigo el juramento de Wicca:
Yo (nombre del aspirante), en la presencia de los Seres Poderosos,
de mi propia voluntad y decisión, juro solemnemente
que siempre guardaré en secreto y nunca revelaré los misterios
del Arte, excepto a las personas permitidas, y debidamente
preparadas, adentro de un círculo como lo estoy yo hoy.
Todo esto juro por mis esperanzas de una próxima vida,
recordando que mis medidas han sido tomadas y que mis
propias armas mágicas se volverán en contra mía
si rompo este juramento".

El aspirante repite estas palabras junto con la gran sacerdotisa, la cual lo levanta, le desata los cordones que lo ataban y le quita la venda de los ojos.

El ya iniciado parpadea ante la luz de las velas y ve a la gran sacerdotisa sonreírle con dulzura. Ésta destapa una pequeña botella de aceite consagrado que tiene entre las manos y forma un triángulo invertido sobre el pecho del nuevo brujo con un dedo humedecido en el aceite. El triángulo es formado poniendo una gota de aceite en el lado derecho del pecho, otra gota en el pecho izquierdo y la tercera gota en el abdomen del iniciado. Al formar el triángulo la gran sacerdotisa dice:

"Te consagro con aceite".

Luego vuelve a formar un segundo triángulo de la misma manera, pero esta vez con vino rojo del cáliz, diciendo:

"Te consagro con vino".

Las iniciaciones

Luego besa los tres puntos del triángulo, diciendo:

"Te consagro con mis labios, sacerdote y brujo".

El nuevo brujo recibe en estos momentos las armas mágicas o implementos de su Arte de manos de la gran sacerdotisa, quien le dice:

*"Aquí te presento los implementos de trabajo del brujo.
Primero la espada mágica, la cual junto con el athame sirve
para trazar el círculo, dominar y castigar a los espíritus rebeldes.
Con ella en la mano eres el dueño del círculo mágico. Luego te
presento el athame, o cuchillo de mango negro. Este es el arma
verdadera de todo brujo y tiene los mismos poderes que la
espada mágica. Luego te presento el bolín, o cuchillo de mango
blanco, que se usa para formar e inscribir los instrumentos del
arte y que sólo puede ser usado en los confines del círculo.
Y aquí tienes la varita mágica la cual se usa para controlar
ciertos genios o espíritus con los que no se puede usar ni la
espada ni el athame. Luego te presento el pentáculo, el cual
tiene muchos usos, incluyendo el llamado de ciertos espíritus.
Y aquí esta el incensario, el cual se usa para atraer buenos espíritus y exorcizar los malos. Y aquí tienes el látigo, símbolo de
poder y dominio, de sufrimiento y purificación, ya que está
escrito, que para aprender tienes que sufrir y ser purificado.
¿Estás dispuesto a sufrir para aprender?".*

El iniciado responde que sí, y la gran sacerdotisa continua:

*"Y por fin te presento los cordones, que se usan para atar
los sigilos o sellos del Arte y en todo juramento.
(Estos cordones son tres: azul, rojo y blanco. De estos tres
el que más se usa es el azul). Y ahora te saludo en nombre
de Aradia y de Karnayna, nuevo sacerdote y brujo".*

Las iniciaciones

Cada vez que la gran sacerdotisa le entrega una de las armas mágicas al iniciado lo besa en la mejilla derecha. Éste pasa los implementos a la doncella que los pone sobre el altar. La gran sacerdotisa guía al iniciado al Este y apunta hacia arriba con el athame y dice:

"Escuchad, Oh Seres Poderosos, este iniciado (menciona el nombre) ha sido consagrado como sacerdote (sacerdotisa) del Arte y como hermano (a) de WICA".

Esto es repetido en los otros tres puntos cardinales. En este momento los demás miembros del convenio entran al círculo a través de la puerta astral que traza el gran sacerdote o gran sacerdotisa en el Noreste. Todos beben del cáliz de vino y celebran la iniciación con frutas, bizcochos y juegos como de costumbre.

Es importante saber que las iniciaciones en Wicca son dadas de mujer a hombre y de hombre a mujer. Es decir, si el que se inicia es un hombre la gran sacerdotisa es la que oficia durante la ceremonia. Si es una mujer, el gran sacerdote lleva a cabo la iniciación. En casos extremos una madre puede iniciar a su hija y un padre a su hijo, pero esto es sólo llevado a cabo en casos de emergencia.

Antes de recibir la iniciación del primer grado el iniciado escoge un nombre mágico el cual es usado adentro del convenio. La iniciación del segundo grado también conlleva un nuevo nombre, pero éste es usado sólo en los grandes rituales. En la iniciación del tercer grado, las brujas reciben uno de los nombres secretos de la Gran Diosa y los brujos uno de los nombres secretos del Gran Dios.

Iniciación del Segundo Grado

Durante esta ceremonia está presente el gran sacerdote, la gran sacerdotisa, y los brujos que han recibido esta iniciación. La gran sacerdotisa traza el círculo mágico. Imaginemos que es una bruja la cual va a recibir la iniciación. El gran sacerdote es entonces quien lleva a cabo la ceremonia. La iniciada entra al círculo ya bañada con las manos atadas detrás de la espalda, pero no vendada. Empezando en el Este, el gran sacerdote proclama en los 4 puntos cardinales:

*"Escuchad, Oh Poderosos Seres, he aquí a
(menciona el nombre mágico del segundo grado de la bruja),
una sacerdotisa y bruja ya consagrada, la cual ha sido
preparada para la elevación al segundo grado".*

Tomando a la bruja por la cintura, el gran sacerdote da tres vueltas al círculo de Este a Este con pasos de baile. La iniciada se arrodilla luego frente al altar y sus tobillos son amarrados. El gran sacerdote, de pie frente a la bruja, dice:

*"Para obtener este grado es necesario ser purificada.
¿Estás dispuesta a sufrir para aprender?".*

La bruja responde que si y el gran sacerdote continua:

"Te purifico para que hagas este juramento correctamente".

De inmediato toca la campana tres veces y da 40 latigazos a la bruja, en los 4 grupos antes mencionados: 3, 7, 9 y 21. Luego dice:

Las iniciaciones

"Repite conmigo: Yo (nombre mágico de la bruja),
juro sobre el vientre de mi madre, y mi honor entre los hombres,
y mis hermanos y hermanas en el Arte, que nunca revelaré
los secretos del Arte, excepto a personas permitidas y preparadas
en un círculo mágico como estoy yo hoy. Esto lo juro por mis
vidas pasadas y mis esperanzas de vidas futuras y me dedico yo
misma a mi destrucción total si rompo este solemne juramento".

El gran sacerdote se arrodilla al lado de la bruja y coloca su mano izquierda detrás de las rodillas de ésta y su mano derecha sobre su cabeza y dice:

"A través del poder de mi voluntad
te traspaso todos mis poderes".

Luego la ayuda a levantarse y le desata todos los cordones. Con la punta de un dedo humedecido en aceite consagrado, forma un pentagrama o estrella de 5 puntas empezando en el vientre, luego tocando con el dedo su pie derecho, su rodilla izquierda, su rodilla derecha, su pie izquierdo y de nuevo el vientre. Al terminar el pentagrama dice:

"Te consagro con aceite".

Luego repite el pentagrama y las palabras de consagración con vino, con agua, con fuego (una vela encendida) y con un beso en cada punta del pentagrama. En estos momentos le entrega sus implementos, ya usados, a la bruja y la invita a que los use en el círculo. La bruja retraza el círculo con su espada mágica y luego con el athame, usa el cuchillo de mango blanco para inscribir un pentagrama en una de las velas nuevas que reposan sobre el altar y la cual usará a su debido tiempo en su propio convenio. Mueve la varita mágica en el aire en la dirección de los 4 puntos cardinales, presenta el pentáculo en los 4 puntos y pasa el incensario alrededor del círculo. Según va re-usando sus implementos los va entregando al gran sacerdote que los besa y los pone sobre el altar. Por fin, el gran sacerdote le entrega los cordones mágicos y la ordena a que lo ate con ellos. La bruja obedece y el gran sacerdote la besa en la mejilla. El gran sacerdote dice:

"Aprende que en la Brujería Wicca siempre debes devolver todo
lo que recibas de forma triple.
Según te azote así debes azotarme, pero tres veces más.
Te azote 3 veces, azótame 9; te azote 7 veces, azótame 21;
te azote 9 veces, regrésame 27; te azote 21 veces, regrésame 63.
Son 120 azotes. Toma el látigo".

73

La bruja obedece y azota al gran sacerdote 120 veces. Luego le suelta los cordones y éste la besa en la mejilla y le dice:

"Has obedecido la ley, pero recuerda. Cuando recibas
el bien, también debes devolver este bien tres veces".

Este juramento, basado en la ley del tres, obliga a todo brujo de segundo grado a devolver mal por mal y bien por bien tres veces a la persona de quien lo recibe. Esto hace al brujo un peligroso enemigo porque está obligado por ley de Wicca a cobrar venganza. Es también el mejor amigo que puede tener una persona en virtud de la ley del tres.

Luego de esto, la bruja es presentada por el gran sacerdote en los 4 puntos cardinales, diciendo:

"Saludos, Oh Seres Poderosos, observad como
(menciona nombre de la bruja) ha sido
debidamente elevada al segundo grado".

Desde este momento la bruja es considerada una gran sacerdotisa, pero aun no puede establecer su propio convenio. Para lograr esto tiene que recibir la iniciación del tercer grado.

Después de terminada la iniciación, se toma el vino y se comen los bizcochos y las frutas y se llevan a cabo los juegos de costumbre. Luego el círculo es desvanecido.

Iniciación del Tercer Grado

74

Durante esta ceremonia sólo pueden asistir el gran sacerdote, la gran sacerdotisa y los brujos que han recibido la iniciación del tercer grado. Esto significa que el grupo de brujos es más pequeño que de costumbre porque no todos los miembros han recibido más del primer grado.

Esta es una de las ceremonias más bellas y complejas de Wicca porque en ella se relata y se dramatiza el rapto de Proserpina (la Gran Diosa) por el dios de la muerte, Pluto (el Gran Dios). La gran sacerdotisa hace el papel de la Gran Diosa y el gran sacerdote el papel del Gran Dios. Además de ellos está presente en el círculo el narrador de esta odisea, el cual es también un iniciado del tercer grado. Todos los participantes en la ceremonia son purificados doblemente para este ritual. El círculo es trazado de la forma acostumbrada y la ceremonia principal es llevada a cabo, incluyendo el bajar de la Luna sobre la gran sacerdotisa. Cuando la ceremonia principal ha sido llevada a cabo, la gran sacerdotisa se despoja de su collar ritualístico, el cual se compone de cuentas alternantes de azabache y ámbar, y lo deposita sobre el altar. Se coloca un largo velo transparente sobre la cabeza que cubre todo su cuerpo y se coloca otras joyas ritualísticas en las manos y brazos. Su corona de ritual permanece sobre su cabeza. El gran sacerdote se coloca su corona de cornamentas sobre la cabeza y se coloca al cinto su espada mágica. Así ataviado se para frente al altar en la posición del Gran Dios, pies juntos y manos cruzadas sobre el pecho. Al hacer esto saca la espada del cinto y la sostiene en la mano derecha mientras que con la izquierda sostiene el látigo. La gran sacerdotisa sale del círculo por la puerta astral en el Noreste y se para afuera del círculo. En la puerta astral se para otro brujo del tercer grado que representa al Guardián del reino de Pluto. El narrador de la odisea de los dioses dice:

> *"En tiempos antiguos, nuestro Señor, el de la gran*
> *cornamenta, fue como aun es, el Consejero, el Benefactor,*
> *pero los hombres lo conocían sólo como el Temido Señor de las*
> *Sombras, solitario, severo pero justo. Nuestra Señora,*
> *la Gran Diosa, deseó resolver todos los misterios,*
> *aun el misterio de la muerte. Y por esta razón resolvió*
> *bajar al reino de las profundidades de la tierra,*
> *pero el guardián del portal detuvo su entrada".*

En estos momentos la gran sacerdotisa, que hace el papel de la Gran Diosa, se acerca al brujo que guarda la puerta astral. Éste, representando al guardián de la odisea, la detiene, apuntando a su pecho con su espada y diciendo:

> *"Despójate de tus ropajes, pon a un lado tus joyas,*
> *pues nada has de traer contigo a este nuestro reino".*

Narrador:

> *"Y ella puso a un lado sus ropajes y sus joyas y fue atada como*
> *debe ser atado todo aquel que intenta entrar en el*
> *reino de la muerte, donde habitan los Seres Poderosos".*

Las iniciaciones

La gran sacerdotisa se quita el velo y las joyas y los pone en el suelo afuera del círculo. El guardián del portal la ata con cordones y la entra al círculo.

Narrador:

"Y era tan grande su belleza que la muerte misma
se arrodilló y puso su espada y su corona en el polvo,
besando sus pies".

El gran sacerdote se acerca a la gran sacerdotisa, la mira ensimismado y se arrodilla ante ella, colocando su corona y espada en el piso y besando sus pies, diciendo:

"Benditos sean tus pies que te han traído a estas partes.
Permanece conmigo y permite que ponga mi
mano fría sobre tu corazón".

La gran sacerdotisa dice:

"No te amo".

El gran sacerdote:

"Entonces, si no recibes mi mano sobre tu corazón,
tienes que arrodillarte a recibir el castigo de la muerte".

La gran sacerdotisa:

"Es el destino, mejor así".

Y se arrodilla ante el gran sacerdote, quien la azota con su látigo 40 veces.

Las iniciaciones

Narrador:

> *"Y la muerte la azotó tiernamente y ella clamó":*

Gran sacerdotisa:

> *"He conocido los dolores del amor".*

Narrador:

> *Y la muerte la levantó del polvo diciendo: "Bendito sea"*
> *y le dio el Beso Quíntuple diciendo:*

Gran sacerdote:

> *"Sólo así alcanzarás la felicidad y la sabiduría".*

Al decir esto desata los cordones.

Narrador:

> *"Y él le enseñó todos los misterios y le dio el collar*
> *que simboliza el círculo de la reencarnación".*

El gran sacerdote toma el collar de azabache y ámbar de la gran sacerdotisa y lo coloca alrededor de su cuello. La gran sacerdotisa recoge la corona de cornamentas y la espada del suelo y las entrega al gran sacerdote, quien se las coloca de nuevo. Ambos se paran uno al lado del otro frente al altar, él en la posición del Gran Dios, pies unidos y manos cruzadas sobre el pecho; ella en la posición de la Gran Diosa, pies y brazos abiertos en forma del pentagrama, por cuya razón es conocida como la Diosa Estrella.

Las iniciaciones

Narrador:

*"Y ella lo instruyó en el misterio de la copa sagrada que
es el caldero de la reencarnación. Ambos se amaron
y fueron uno, porque hay tres grandes misterios en la vida
del hombre. La Magia (amor) los controla a todos.
Pues para alcanzar el amor, debéis regresar de nuevo en el
mismo tiempo y en el mismo lugar que el ser amado,
y debéis encontraros de nuevo y saber y recordar y amaros
como en antaño. Pero para poder renacer, debéis morir
y prepararos para un nuevo cuerpo. Y para morir debéis nacer.
Y sin amor, un nuevo nacimiento es imposible.
Y nuestra Diosa siempre se inclina hacia la alegría y
el amor y adora a sus hijos escondidos durante la vida.
Y en la muerte nos enseña la forma de obtener la comunión.
Y en el mundo nos enseña el misterio del círculo
mágico que es colocado entre los mundos".*

La gran sacerdotisa y el gran sacerdote colocan el látigo, la
espada, la corona y todos los demás implementos mágicos
sobre el altar. Después de este relato de la odisea de los dioses,
la bruja o brujo que recibe la iniciación es declarado gran sacerdote o gran sacerdotisa con derecho a formar su propio convenio. Es después de esta iniciación que se lleva a cabo el Gran
Rito en los convenios que aun lo practican, en completa privacidad entre los brujos que forman parejas y que desean una
identificación total con el Gran Dios y la Gran Diosa.

Iniciación Propia

Muchas personas que simpatizan con las prácticas de Wicca y sus leyes, pero que no desean formar parte de un convenio, deciden iniciarse ellos mismos en la religión. Esto puede llevarse a cabo siguiendo los detalles de la ceremonia principal de Wicca y de las iniciaciones.

EL ALFABETO DE WICCA Y LOS IMPLEMENTOS MÁGICOS

El alfabeto de Wicca se conoce como la escritura tebana o las runas de Wicca. En la antigüedad se utilizaba por los brujos para intercambiar mensajes. En tiempos modernos se usa en hechizos, para escribir el nombre del brujo en *El Libro de las Sombras* y, en ocasiones, para escribirse entre sí, especialmente cuando el mensaje requiere total privacidad. Como se puede ver en la ilustración, las runas incluyen varias letras de confusión que en la antigüedad se intercalaban en el mensaje escrito para confundir a los curiosos. (Ver figura en la página siguiente).

Entre los implementos o armas mágicas de los brujos están el athame o cuchillo de mango negro, la espada mágica, el bolín o cuchillo de mango blanco, la varita mágica, el pentáculo, el látigo de ritual, el cáliz o copa de ritual, el incensario, la campana, los cordones, las joyas de la gran sacerdotisa y su corona, la corona del gran sacerdote y el altar.

Alfabeto de Runas Tebanas

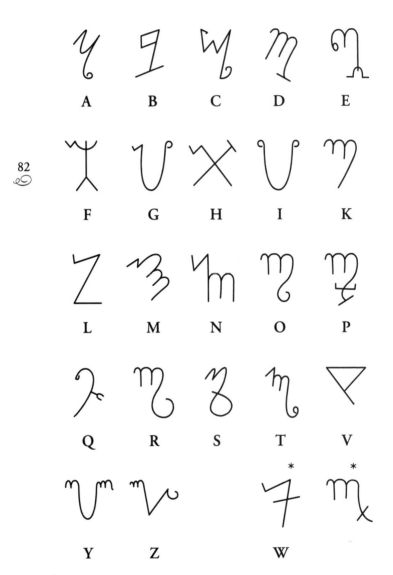

82

* Letras de confusión.

El athame

Este es el implemento más importante del brujo. Es utilizado para trazar el círculo y durante todas las ceremonias. Con el athame la gran sacerdotisa o gran sacerdote confieren las tres iniciaciones e invocan a los Guardianes de las Atalayas. Todo brujo recibe el athame con la iniciación del primer grado y debe tenerlo siempre consigo en el círculo mágico. Cuando el athame no está en uso se coloca sobre el altar. El mango del athame está inscrito por los dos lados con los símbolos centrales de Wicca según se puede ver en la ilustración. (Ver figura en la página siguiente). Entre los símbolos que se inscriben en la parte superior del mango está la rueda cósmica que representa los 8 caminos de Wicca; estos caminos están asociados con los 8 festivales o Sabats. La flecha de la magia y la pareja perfecta (Aradia y Karnayna) completan los símbolos de la parte superior del mango.

83

En la parte inferior del athame se inscribe el símbolo del Gran Dios, con su corona de cornamentas y la letra "K", la inicial del nombre de Karnayna. En el medio están los símbolos del látigo y del beso ritual de Wicca, y al otro extremo, dos medías Lunas representando Luna Creciente y Luna Menguante (Aradia) y la letra hebrea Aleph que representa la "A", inicial de Aradia.

La espada mágica

La espada mágica tiene el mismo propósito que el athame y es un símbolo de gran poder que usa el brujo para invocar y subyugar a los espíritus. La espada mágica tiene las mismas inscripciones que el athame. Se utiliza más a menudo durante iniciaciones, especialmente en la iniciación del tercer grado, cuando es esgrimida por el gran sacerdote en su representación del Gran Dios.

Símbolos inscritos en el athame y la espada mágica

Parte superior del mango

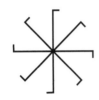

Los ocho caminos

Flecha de la magia

Pareja perfecta

Parte inferior del mango

Símbolo del Dios

Inicial del Dios

Símbolo del látigo

Símbolo del beso ·

Símbolo de la Diosa

Inicial de la Diosa

El bolín

El bolín es el cuchillo de mango blanco que usa el brujo para inscribir las velas y para preparar la varita mágica. También se usa en toda clase de hechizos. No se puede utilizar fuera del círculo. El bolín está inscrito, no sólo en la parte superior e inferior del mango, sino también en la hoja.

Símbolos inscritos en el bolín

Parte superior del mango

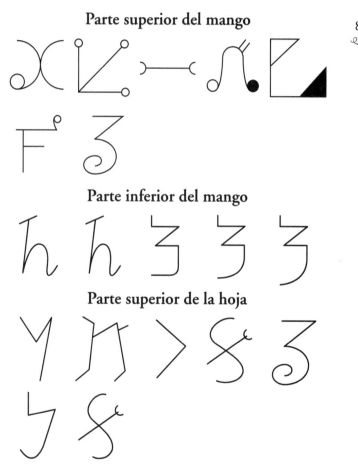

Parte inferior del mango

Parte superior de la hoja

Muchos brujos inscriben los símbolos de Wicca en el mango de la espada mágica y del athame con el bolín. Otros usan tinta plateada para dibujar los símbolos en estos implementos mágicos. Los símbolos inscritos en el bolín son runas muy antiguas y su significado no es claro. (Ver figura en la página anterior).

La varita mágica

La varita mágica puede ser hecha de varios tipos de madera, pero el brujo tiene que ir a un bosque o parque a cortarla de la rama de un árbol. Los árboles que los brujos prefieren para hacer la varita son el roble, el avellano y el sauce. La varita tiene que tener las mismas dimensiones que la distancia del codo a la punta del dedo del corazón de su dueño. Debe tener aproximadamente una pulgada de espesor y ser lo más derecha posible.

Una vez que el brujo ha obtenido la rama del árbol adecuado, usa el bolín para cortar todos los nudos de su superficie y luego la pule con papel de lija. Con la punta del bolín ahueca una de las puntas de la varita, sacándole alrededor de dos pulgadas de la madera de su interior. Luego toma un pedacito de algodón, se pincha el pulgar de la mano derecha con una aguja nueva y deja caer varias gotas de sangre sobre el algodón, el cual luego tapona adentro del hueco que ha hecho en la varita. El hueco es sellado con la cera de una vela blanca en la cual ha inscrito un pentagrama con el bolín. La varita es luego pintada de negro e inscrita con un pentagrama. Algunos brujos inscriben su nombre en runas en la varita con el bolín o lo trazan con tinta plateada. A menudo la punta de la varita es pintada con tinta plateada para determinar cual lado está cargado con la sangre del brujo.

Después de terminada la varita es consagrada en los 4 elementos. Para hacer esto el brujo la coloca sobre sal (elemento tierra), luego la pasa por la llama de una vela (elemento fuego), la asperja con agua de sal (elemento agua) y la pasa por humo de incienso (elemento aire). Luego la consagra con aceite consagrado, con vino, y con tres bocanadas de aire en nombre de Aradia y de Karnayna.

La varita mágica se usa para invocar y subyugar ciertos espíritus, generalmente benéficos, que no pueden ser invocados con el athame o la espada mágica. También se usa para "bajar" energías cósmicas cuando el brujo está llevando a cabo ciertos rituales o magias.

El pentáculo

El pentáculo es una pieza de cobre, plata o madera de forma redonda de alrededor de 7 pulgadas en diámetro. Representa el elemento tierra y puede ser utilizada para invocar a espíritus de este elemento. Varios de los símbolos de Wicca son grabados en el pentáculo con el bolín. Estos símbolos pueden apreciarse en la ilustración e incluyen el pentagrama o estrella de 5 puntas, dos triángulos, uno derecho y otro invertido, representando al elemento fuego y al elemento agua, respectivamente. En el lado derecho se inscribe el pentagrama invertido, y en la parte inferior se inscriben los símbolos de Karnayna y de Aradia, el símbolo del látigo y el símbolo del beso.

El pentáculo también se usa para colocar la sal que se va a usar en la purificación del círculo. La sal es un símbolo del elemento tierra en la práctica de la magia y es considerado una sustancia de inmensos poderes purificantes. La Iglesia Católica también considera la sal un elemento purificador y por esto se utiliza durante la ceremonia del bautizo. (Ver figura en la siguiente página).

Pentáculo mágico de Wicca
Símbolos inscritos en su superficie

El látigo de ritual

El mango del látigo está hecho de un pedazo de rama de un abedul, la cual es pintada de negro. Del mango del látigo cuelgan cuatro tiras largas de cuero fino o de seda negra con un nudo en su punta. El largo de las patas del látigo es aproximadamente de 12 pulgadas. El mango del látigo es inscrito con los símbolos de los grados obtenidos por el brujo o bruja en Wicca. Si sólo ha obtenido el primer grado, la inscripción es la de un triángulo invertido. Si ha obtenido también el segundo grado, le añade el símbolo del pentagrama. Si tiene también el tercer grado, los tres símbolos de estas iniciaciones son inscritas en el látigo. La iniciación del tercer grado es representada por un pentagrama coronado por un triángulo derecho. Estos símbolos pueden apreciarse en la ilustración a continuación.

89

Símbolo inscritos en el mango del látigo de ritual

Primer Grado   Segundo Grado   Tercer Grado

El látigo de ritual es un símbolo del poder de dominación. Se usa como un instrumento de sufrimiento y purificación, ya que Wicca enseña que todo conocimiento mágico se obtiene a través del sufrimiento. El gran sacerdote y la gran sacerdotisa, que usan el látigo más comúnmente en los rituales, son muy gentiles en el uso del látigo y los azotes que reciben los iniciados son siempre muy suaves y no causan daño alguno. Son más bien símbolos de purificación y obediencia.

El cáliz o copa de ritual

El cáliz es generalmente de buen tamaño ya que todos los brujos del convenio toman del vino que se vacía en esta copa ritualística. El cáliz puede ser de metal o de cristal. Muchos convenios poseen cálices de plata muy bellos con símbolos célticos, representando las raíces de Wicca. Hay en el mercado cálices de cristal negro o azul marino ya embozados en plateado con el símbolo de Wicca, que es una medía Luna con un pentagrama en el medio. Estos cálices son de precio módico y fáciles de

Símbolo inscrito en
el cáliz o copa de ritual

conseguir en las ciudades grandes, en tiendas de productos eso-
téricos. Pero también se puede usar una copa de plata simple,
en la cual su dueño dibuja la media Luna y el pentagrama de
Wicca en tinta negra o lo inscribe con el bolín. Durante las
ceremonias de Wicca el único cáliz que está sobre el altar es el
perteneciente a la gran sacerdotisa que es la que dirige el convenio. Los demás brujos también tienen sus cálices pero los mantienen en sus altares privados.

El cáliz se usa en toda ceremonia de Wicca y representa el
elemento femenino. El athame representa el elemento masculino. Cuando la gran sacerdotisa entierra el athame en la copa
de vino que le presenta el gran sacerdote, está imitando la
unión entre estos dos elementos. El vino ritualístico usado en
Wicca siempre es vino rojo dulce y representa la pasión, la vida
y el amor. Ningún ritual de Wicca está completo sin el cáliz de
vino, del cual todos los brujos tienen que tomar como símbolo
de la hermandad del convenio. La primera que toma del vino
es la gran sacerdotisa y es ella la que siempre apura lo queda de
éste en la copa.

El incensario

El incensario es de gran importancia en toda ceremonia de
Wicca ya que el incienso es un elemento de purificación cuya
fragancia se usa para endulzar y suavizar a los espíritus invocados. Los inciensos usados en Wicca siempre dependen de
las entidades que se invocan durante el ritual. En las ceremonias comunes como los Esbats, se usa generalmente mirra y
frankincienso sobre varios carboncitos encendidos. Algunos
convenios modernos usan palitos de incienso, pero esta práctica no es bien vista por los practicantes más tradicionales que
consideran el incensario una parte intrínseca de su religión.

En los grandes Sabats y cuando se invocan espíritus planetarios o elementales, el incienso que se utiliza es el que contiene las yerbas y aromas asociadas con los planetas o los 4 elementos. Esto es de primordial importancia en toda invocación. Si el aroma que se usa en el incensario no es el correspondiente a la entidad invocada ésta no puede ser contactada. Más adelante, en la segunda parte de este libro, vamos a discutir las yerbas y fragancias planetarias y elementales.

El incensario de Wicca es siempre de buen tamaño, parecido al que se usa en las iglesias. También tiene inscrita al frente una media Luna y un pentagrama, los símbolos tradicionales de Wicca.

La campana

La campana se usa en toda ceremonia de Wicca para marcar ciertos puntos importantes en el ritual o para indicar que algo ha terminado o va a comenzar. La gran sacerdotisa siempre repica la campana dándole por uno de sus lados con la hoja del athame. Esto hace que la campana sólo suene una vez cada vez que ella la toca. Como otros implementos mágicos de la religión Wicca, la campana está inscrita con la media Luna y el pentagrama.

La campana puede estar hecha de cristal o de metal, pero la mayor parte de los brujos prefieren que esté hecha de metal para evitar accidentes donde la campana pueda caerse y romperse.

Los cordones

Una de las magias más populares y poderosas usadas por los brujos se hace con los cordones mágicos. Todo brujo del primer grado debe tener sus cordones de iniciación, rojo, blanco y azul. De estos tres, el más que se usa es el cordón azul.

Cuando recibe la iniciación del segundo grado, ya el brujo sabe cómo trabajar con los colores de los 4 elementos: rojo (elemento fuego), azul (elemento aire), verde (elemento agua) y amarillo (elemento tierra). Estos colores son los usados por Wicca para representar a los 4 elementos y difieren de los colores tradicionales de los elementos en la práctica de la alta magia. Los colores tradicionales de los elementos son: rojo (fuego), azul (agua), amarillo (aire) y verde (tierra). Como podemos ver son distintos de los colores elementales de Wicca. En la práctica de la magia se usan los colores y atributos correspondientes del sistema que se emplea. Si se trabaja la magia elemental tradicional se usan los colores tradicionales de los elementos. Si se trabaja magia de Wicca se usan los colores elementales de esta religión.

El cordón con el cual se toman las medidas del brujo en la primera iniciación es usado a menudo por éste alrededor de la cintura. En un extremo se forma una "O" con el cordón y en el otro se deshilachan una o dos pulgadas del cordón. La "O" representa el elemento femenino y el extremo deshilachado el elemento masculino. Para amarrarse el cordón a la cintura, el brujo pasa el extremo deshilachado a través de la "O" para completar el símbolo de la unión de los principios femenino y masculino. Luego ajusta y asegura el cordón a su cintura. Este cordón tiene generalmente un largo de nueve pies y uno de sus usos tradicionales es medir el diámetro del círculo mágico, el cual está supuesto a medir nueve pies. El cordón de iniciación tiene gran poder y está supuesto a proteger al brujo adentro del círculo.

Los cordones de colores son usados adentro del círculo cuando los brujos trabajan sus magias en grupo. Cada cordón se usa para una magia distinta. Para adquirir poder o para controlarlo, se usa el cordón rojo. Para problemas amorosos, se usa el cordón verde, uno de los colores principales de Venus, el planeta del amor. Para obtener dinero o adelantar en los negocios y para la salud, se usa el cordón amarillo. Para felicidad, triunfo, alegría y armonía, se usa el cordón azul. Este cordón también se usa para destruir habladurías y las maquinaciones de los enemigos. El blanco se usa para adquirir paz y balance.

Cada brujo decide lo que desea pedir a través del cordón antes de comenzar la magia. Una vez que se ha completado la ceremonia y se ha levantado el cono del poder, todos se sientan en el suelo, formando una rueda. Todos los cordones se amarran en un extremo, cada brujo sosteniendo el suyo en la mano para no perderlo de vista. Luego cada uno toma la punta suelta del cordón en las manos y la hala hasta formar una rueda de cordones, como las varillas de una carreta. Cada persona debe mantener el cordón tenso y nunca lo puede soltar o suavizar su agarre del cordón. De lo contrario, la rueda de cordones pierde poder y balance.

Mientras sostiene el cordón fuertemente apretado en su mano, el brujo concentra su deseo mentalmente, dirigiéndolo a través de su mano hacia el cordón. Cuando este deseo está fuertemente visualizado en su mente, hace un nudo en el cordón, manteniéndolo siempre tenso. Todo el tiempo que está visualizando y expresando mentalmente su deseo, el brujo mantiene la vista puesta sobre el centro de la rueda de cordones, en el lugar donde están todos atados y que es el foco de energías del cono de poder. Una vez que ha hecho el nudo, concentra en otro deseo, y hace otro nudo. Los brujos no aconsejan pedir muchas cosas en cada sesión mágica del cordón para poder concentrar mayor energía en una o dos cosas, y así asegurarse de obtener lo que pidió. El que mucho abarca, poco aprieta, dice el refrán, y ésta es una de las máximas principios de toda magia.

Cuando todos han hecho sus peticiones y atado los nudos en los cordones, la rueda se deshace y los cordones se sueltan y cada brujo guarda el suyo para otra ocasión. Este "amarre" no se deshace hasta que lo que se pidió no ha sido concedido.

Uno de las magias de cordón más conocida es la famosa *Escalera de la Bruja*. Esta magia se hace en un cordón verde en el cual se atan 40 nudos, que son los azotes tradicionales que recibe el brujo en sus iniciaciones. Este cordón se usa para contactar al subconsciente. La escalera se usa antes de dormir, tomándola entre las manos y repitiendo un solo deseo en cada nudo. Si la persona despierta en el medio de la noche, vuelve a coger la escalera y comienza de nuevo a repetir su deseo en cada nudo hasta quedarse dormida.

La razón por la cual se usa la escalera momentos antes de dormir es que cuando una persona está adormilada, cae de inmediato en el llamado estado alfa, cuando es más fácil contactar al subconsciente, el cual es el gigante interno que nos puede dar todo lo que le pedimos. El uso persistente de la escalera noche por noche con la misma petición asegura que lo que se pide es conseguido. Los brujos nunca piden nada nuevo a través de la escalera hasta que el deseo es concedido.

La escalera de la bruja puede usarse de esta manera para autocuraciones, para conseguir empleo, dinero, amor, y todo lo que el brujo pueda desear, incluyendo el dominio de los enemigos. La escalera de la Bruja puede formarse adentro del

95

círculo mágico usando la energía del cono del poder cuando los otros brujos están trabajando la magia del cordón. Se forman 40 nudos en el cordón concentrando en un solo deseo y luego la Escalera se usa todas las noches para reforzar la petición. Cuando es alcanzado lo que se pidió, se deshacen los nudos y se vuelve a preparar la Escalera con un nuevo deseo.

La Escalera de la Bruja se puede hacer de distintos colores, dependiendo de lo que se desea alcanzar. El color verde se usa para hacer toda clase de peticiones. El color violeta, por ejemplo, que es el color más elevado, asociado con el espíritu, se usa para adelanto y evolución espiritual.

La liga

Toda gran sacerdotisa tiene una liga verde, cuyo color representa el agua en Wicca y el principio femenino. Cada vez que uno de sus brujos o brujas obtiene el tercer grado y decide abandonar el convenio y comenzar su propio grupo, la gran sacerdotisa coloca una pequeña hebilla de plata en su liga, la cual siempre lleva puesta en el muslo izquierdo. La gran sacerdotisa es considerada la originaria y madre de todo convenio que ha nacido del de ella y mientras más cantidad de hebillas tenga en su liga, mayor es considerado su poder. Esta es una de las tradiciones más antiguas de Wicca y data del tiempo de los celtas.

La corona

La gran sacerdotisa usa una corona alrededor de la frente, la cual es más bien una diadema. Ésta generalmente hecha de plata con una medía Luna en el medio. La medía Luna apunta hacia arriba y es símbolo de la Gran Diosa Aradía.

El gran sacerdote usa una corona de cornamentas de venado, representativa del Gran Dios, Karnayna. El gran sacerdote usa esta corona sólo durante la iniciación del tercer grado.

El collar

El collar ritualístico de la bruja, especialmente la gran sacerdotisa quien siempre lo lleva puesto, está hecho de cuentas de ámbar y azabache, alternando entre sí. Estas cuentas representan el poder de la Gran Diosa en la tierra.

97

Otras joyas

Las brujas son muy amantes de las joyas ritualísticas. Uno de los símbolos que más usan es el "anhk" egipcio que forma una cruz con un óvalo en la punta. Este era el símbolo de la vida entre los egipcios y todas las estatuas de sus dioses lo cargaban en la mano. En Wicca, el "anhk" es un símbolo de la diosa egipcia Isis, asociada con la Luna, y uno de los nombres de la Gran Diosa. Tanto los hombres como las mujeres usan este símbolo, ya sea en sortijas como en collares.

Sortijas de plata engarzadas con piedras asociadas con los planetas y los elementos son usadas comúnmente, además de muchos collares de amuletos naturales. El símbolo tradicional de Wicca, una Luna y un pentagrama, son usados también en sortijas, brazaletes y collares.

Muchas brujas usan sortijas de los 7 planetas tradicionales: Sol, Luna, Marte, Mercurio, Júpiter, Venus y Saturno. La mayor parte de las veces las piedras asociadas con estos planetas son engarzadas en sortijas del metal planetario adecuado.

El alfabeto de Wicca y los implementos mágicos

Una de las sortijas más espectaculares usadas por muchas brujas tiene al frente la garra de un águila la cual sostiene una bola de cristal, símbolo de la Luna. La bola de cristal es de buen tamaño y puede usarse para ver el futuro. La bola de cristal es usada por los brujos a menudo adentro del círculo para "escriar" u obtener visiones o revelaciones. Para hacer esto el brujo o bruja se sienta en el suelo en el Oeste mirando hacia el Este. Se colocan dos velas a cada lado del cristal que el brujo sostiene en las manos. El brujo visualiza al pasado detrás de su espalda y al futuro frente a él. Todos los demás brujos cierran los ojos y concentran fuertemente en el cristal. El brujo observa al cristal manteniendo la mente en blanco. Según van llegando imágenes a su mente, las va describiendo en voz lenta y pausada. Uno de los brujos, que siempre actúa de escribano, escribe las visiones en un cuaderno especial donde la fecha de la sesión ha sido apuntada.

Los brujos se alternan en las sesiones de "escriar", para darles a todos la oportunidad de desarrollar el poder de clarividencia. La bola de cristal preferida es la de cuarzo blanco, que a menudo no es transparente del todo, ya que el cuarzo blanco casi siempre tiene inclusiones.

Las bolas de cuarzo blanco son generalmente de alto precio y mientras más grande y más transparente sean, más caras pueden ser.

Todo objeto de cuarzo blanco, incluyendo la bola de cristal, siempre debe ser limpio y purificado poniéndolo en agua con sal de mar por 24 horas y luego enjuagándolo y poniéndolo al Sol por un mínimo de 6 horas.

El altar

El altar de Wicca es sólo un símbolo para el brujo, quien raras veces trabaja sobre de él. Se usa para colocar los implementos mágicos cuando no se están usando, además de las dos velas encendidas que siempre lo adornan.

El altar está generalmente cubierto por un pedazo de tela negra que llega hasta el suelo. La tela es casi siempre de terciopelo o de satín.

El altar es un símbolo de la tierra y por esa razón siempre está orientado hacia el punto Norte, que representa al elemento tierra, y que es donde generalmente los brujos trabajan su magia.

Muchas de las acciones ritualísticas de la gran sacerdotisa y del gran sacerdote se llevan a cabo frente al altar o detrás de éste, pero nunca se usa como foco central de las ceremonias. Es uno de los implementos mágicos más importantes de Wicca y es indispensable para el trabajo del convenio, pero su simbolismo es más espiritual que material. Todos los elementos ritualísticos de cada ceremonia tienen lugar frente o detrás del altar, pero este nunca está en el medio del círculo, ni es el lugar donde se levanta el cono del poder.

Todos los rituales, iniciaciones, prácticas mágicas, conjuros y hechizos de Wicca, el uso de yerbas, aceites e inciensos, están escritos a mano en el libro misterioso conocido como el *Libro de las Sombras*. En la Segunda Parte de esta obra discutiremos a fondo la magia de las brujas, recopiladas en el *Libro de las Sombras*.

EL LIBRO DE
LAS SOMBRAS
(LA MAGIA DE LAS BRUJAS)

EL LIBRO DE LAS SOMBRAS

*E*l *Libro de las Sombras* es el cuaderno donde los brujos apuntan todas las ceremonias de Wicca, las iniciaciones, los días en que se celebran los Esbats y Sabats y todos los hechizos y sortilegios utilizados en su religión. Las yerbas, inciensos, aceites y perfumes mágicos, además de información sobre los elementos, planetas, horas planetarias, colores, elementales, familiares, invocaciones, evocaciones y otros rituales de importancia están también incluidos en este libro, el cual es copiado a mano por cada brujo del *Libro de las Sombras* de la Gran Sacerdotisa.

En esta sección incluiremos mucha de la información listada en el *Libro de las Sombras*.

FAMILIARES

Un *familiar* es un animal usado por la bruja durante sus rituales y hechizos. En tiempos antiguos se creía que el brujo o bruja podía enviar a su familiar a un enemigo con instrucciones precisas para hacerle daño. En tiempos modernos, no todos los brujos poseen familiares y los que los tienen raras veces los usan en sus rituales. Se cree que el animal usado como familiar añade sus energías a las de la magia hecha por el brujo para darle más poder.

El familiar más conocido es el gato negro y en uno de los rituales mágicos usados por los brujos con este familiar consistía en frotar su lomo con sal a la medía noche para atraer dinero. Otros familiares son los búhos, los cuervos y los perros. Por alguna razón, los sapos han sido también asociados con Wicca, pero sólo en la práctica de la magia negra.

El "tótem" es un familiar que protege a un mago o un brujo. Este es el animal que más se identifica con esa persona. En la magia se enseña que cada ser humano tiene un "tótem".

Este es un concepto que proviene de la magia de los shamanes indios en los Estados Unidos. Generalmente este es el tipo de animal con el cual la persona más se identifica. Una persona a quien le encantan las palomas, y se siente extrañamente unida a ellas, posiblemente puede tener una paloma como su tótem. El tótem es una entidad espiritual y todo lo que está relacionado con su esencia es de gran beneficio para la persona con quien está asociado. Es posible, en momentos dados, que el tótem se materialice frente a una persona para hacerle saber que está con ella y que la protege. Por ejemplo, a mí me encantan los lobos, con quienes tengo una gran afinidad. Frente a la puerta de mi oficina, tengo una mandala india con un bellísimo lobo en el medio. Una tarde, pocos minutos antes de dejar mi oficina, estaba admirando al lobo y sintiendo un profundo cariño hacia este animal. Cuando salí de la oficina y fui a recoger mi auto en el garaje que usualmente empleo, vi surgir de pronto al lobo de la mandala de una de las esquinas del garaje, y venir corriendo hacia mí. El animal era espectacularmente bello y de proporciones gigantescas, pero en ningún momento sentí temor al verlo. Vino hasta mí muy manso y comenzó a lamerme las manos. A los pocos minutos, salió un hombre de una camioneta y vino hacia nosotros. "Cuidado", me dijo, "Es un lobo domado por mí pero es aun salvaje. No sea que la vaya a atacar". "No tema", le contesté. "Él jamás me iba a hacer daño". Por unos minutos me incliné sobre el lobo, el cual me puso las patas sobre los hombros y comenzó a lamerme la cara, con grandes demostraciones de afecto. "No lo puedo creer", me dijo su dueño. "Ni siquiera a mí me hace tales demostraciones". "Es que somos viejos amigos", le dije, ante su sorpresa. "Nos conocemos de mucho tiempo".

Al cabo de un rato dejé el garaje y nunca volví a ver al lobo o a su dueño. Fue simplemente un momento inolvidable, un evento "sincronizado", donde el lobo de la mandala me quiso dejar saber que compartía mis sentimientos y que siempre me protegería. Yo también lo protejo, ya que el lobo es uno de los animales en peligro de extinción en las Américas, y siempre he estado muy activa en organizaciones que protegen al lobo y otras especies en peligro de extinción.

Saber quien es el tótem o animal protector de una persona es de gran ayuda en su vida. Una vez que se sabe quien es el tótem, se aconseja tener imágenes de éste, amuletos que lo representen y cargarlos en la persona para suerte y protección.

ELEMENTALES

Los *elementales* son entidades generalmente asociadas con los 4 elementos. Las hadas, los elfos y las sílfides son criaturas con alas tornasoladas parecidas a las de las mariposas, que pertenecen al elemento aire. Son utilizadas en todo tipo de magia y el día preferido para invocarlas es el día conocido como la medía noche de verano, celebrado la víspera del 24 de junio, a la medianoche. Este día, que es conocido como el día de San Juan, es uno de los más mágicos del año y toda magia que se lleva a cabo en su víspera es muy eficaz.

Las ondinas son descritas como criaturas muy bellas, semitransparentes de color azul grisáceo, las cuales pertenecen al elemento agua. Se invocan generalmente en magias amorosas, ya que el amor es asociado con este elemento.

Las salamandras son asociadas con el elemento fuego. Como su elemento, están hechas de fuego y parecen dragones minúsculos que saltan entre las llamas. Se utilizan en magias de poder.

Los gnomos pertenecen al elemento tierra. Se visualizan como hombrecitos de largas barbas de alrededor de dos pies de altura. Los gnomos viven en las profundidades de la tierra donde trabajan en minas. Todos los metales, especialmente el oro, las piedras preciosas y los tesoros escondidos les pertenecen. Se invocan en magias de dinero.

Los brujos usan otro tipo de elemental que crean ellos mismos usando sus propias energías. Estos elementales son enviados por el brujo a llevar a cabo sus propósitos. Una de las formas usadas por el brujo para crear un elemental es frotando las manos rápidamente y luego separándolas y colocando las palmas una frente a la otra como a 8 pulgadas de distancia. En medio de las dos manos visualizan una bola de energía. Comienzan a mover las palmas de las manos, alejándolas y acercándolas para darle más fuerza a la energía entre ellas. Con la imaginación le dan forma a la energía creando una entidad elemental y dándole un nombre específico. Mientras mueven las manos van "cargando" esa energía con un deseo o propósito específico. Luego con un poderoso esfuerzo de su voluntad la envían al lugar específico a llevar a cabo ese deseo o propósito. Si lo que desean es enviar un mensaje especial a una persona a distancia, ese elemental viaja a través del espacio y lleva el mensaje a esa persona, que lo recibe como un pensamiento espontáneo y actúa de inmediato sobre él, según los deseos del brujo. En otras ocasiones, el brujo envía el elemental sin un lugar específico, sólo a actuar en su beneficio, transformando todo lo que encuentra a su paso para llevar a cabo los deseos del brujo. Esto se hace a menudo cuando el brujo desea una cantidad específica de dinero. El elemental usa las energías que encuentra a su paso para transformarlas en oportunidades de dinero para el brujo. Luego que el brujo consigue lo que desea, llama al elemental a que regrese a él y reabsorbe sus energías ya que es peligroso dejar al elemental flotando continuamente en el espacio.

Elementales

Uno de los brujos más famosos en el mundo, el inglés Alex Sanders, ya fallecido, era un gran sacerdote de Wicca, conocido como el rey de los brujos. Él tenía su convenio de brujos en Londres, el cual dirigía acompañado de su esposa Maxine, que actuaba como la gran sacerdotisa del grupo. Existen muchos libros sobre su vida y dejó una serie de conferencias sobre Wicca que están entre los escritos más importantes sobre esta religión.

Tuve la oportunidad de conocer a Alex Sanders cuando yo aun trabajaba para las Naciones Unidas en Viena. Alex tenía un elemental, creado como acabo de describir, que el llamaba Michael y el cual usaba continuamente con diferentes propósitos. Durante una reunión muy amena en Londres, en uno de los "pubs" o tabernas donde los ingleses se reúnen para tomar cerveza y pasar un buen rato, Alex, acompañado de su convenio de brujos, me contó lo siguiente. Una noche, antes de celebrar uno de sus Esbats, todo el convenio de brujos, incluyendo a Alex y a Maxine, fueron como de costumbre a un "pub" a relajarse antes de la ceremonia. Una de las chicas del convenio tenía muchas verrugas en la cara, un infortunio que había heredado de su abuela. Tan pronto el convenio llegó al lugar, uno de los camareros que trabajaban en el "pub" comenzó a mofarse de la chica, haciendo burla de sus verrugas. El convenio trató de buenas maneras de decirle al camarero que sus bromas no estaban siendo apreciadas y que desistiera de sus burlas, pero él continuó acosando a la joven bruja, hasta el punto de hacerla llorar, llena de mortificación y humillación. Uno de los brujos del convenio se levantó de la mesa con intención de agredir al camarero, pero Alex lo detuvo. "Deja esto en mis manos", le dijo.

Y volviéndose al camarero, le dijo: "No debes burlarte de ella porque a ti también parecen estarte saliendo verrugas". El camarero se echó a reír burlonamente y le dijo a Alex que estaba loco.

111

Pocos momentos después el convenio se levantó de la mesa y dejaron la taberna.

Al otro día, Alex llamó a su elemental Michael, lo cargó con instrucciones especiales y se lo envió al camarero. Varias semanas más tarde, el convenio regresó al "pub". La chica que había sido objeto de las bromas pesadas del camarero había perdido todas sus verrugas. Éstas habían sido traspasadas por Michael al camarero, cuya cara está cubierta del triple de las verrugas que había tenido la chica. En ningún momento el convenio se burló del camarero ni hizo comentario alguno sobre sus verrugas. Cuando éste vio llegar al grupo, y vio a la chica con su rostro claro y limpio, salió corriendo de la taberna donde no volvió a aparecer más. Esta fue la misma taberna donde Alex me contó esta historia.

Los brujos no utilizan sus poderes exclusivamente para hacer daño a sus enemigos, pero como vimos anteriormente, la ley del tres los obliga a pagar bien con bien y mal con mal en forma triple de quien lo reciben.

El poder de los elementales es muy real y es usado a menudo por los brujos, pero es un poder que tiene sus peligros ya que una fuerza elemental desatada y sin control puede ser devastadora para el que la crea. Por esta razón, no se aconseja a personas sin experiencia que lleven a cabo experimentos con elementales si no saben como controlarlos.

YERBAS

Las yerbas son de suma importancia en Wicca y se usan en curaciones, en baños lustrales y en filtros de todas clases. Los brujos clasifican las yerbas de acuerdo a sus poderes y a los elementos que las rigen.

A continuación sigue una lista de las yerbas, árboles, flores, frutas y raíces más populares entre los brujos y los planetas y elementos que las rigen, además de sus usos más comunes.

Yerba	Planetas	Elemento	Usos
Achicoria	Sol	aire	despojos, suerte invisibilidad
Álamo	Mercurio, Saturno	aire	contra robos, despojos
Almendro	Mercurio	aire	dinero, prosperidad
Abrecamino	Marte	fuego	desenvolvimiento

Yerba	*Planetas*	*Elemento*	*Usos*
Anamú	Luna, Saturno	agua	despojos, exorcismos
Arroz	Sol,	aire	fertilidad, dinero
Arrasa con todo	Marte	fuego	despojos, contra hechizos
Avellano	Sol	aire	protección, suerte, fertilidad
Azafrán	Sol, Venus	agua	atraer el amor, prosperidad
Altamisa	Venus	tierra	purificación, exorcismos, psiquismo
Avena	Venus	tierra	dinero, abundancia
Albahaca	Marte	fuego	amor, despojos, prosperidad
Ajo	Marte	fuego	protección, despojos, pasión
Bálsamo de gilead	Venus	agua	salud, amor, despojos
Banana	Venus	agua	amor, fertilidad, prosperidad

Yerba	Planetas	Elemento	Usos
Boniato	Sol, Venus	tierra	amor, dinero, suerte
Calabaza	Luna, Venus	agua	amor, dinero, abundancia
Cedro	Sol	fuego	poder, energía, salud, dinero
Cereza	Venus	agua	amor, desenvolvi-miento
Ciruela	Luna, Venus	agua	amor, poderes psíquicos,
Clavel	Sol	fuego	amor, protección
Coco	Luna	agua	despojos, protección, purificación
Cárdamo	Venus	agua	amor, dinero
Cáscara sagrada	Júpiter	tierra	casos de corte, despojos, dinero
Cebada	Venus	tierra	dinero, amor fertilidad,

115

Yerba	*Planetas*	*Elemento*	*Usos*
Cebolla	Marte	fuego	salud, amor, protección
Chili	Marte	fuego	amor, romper hechizos
Comino	Sol, Marte	fuego	protección, dinero, fidelidad
Ciprés	Saturno	tierra	larga vida, salud, protección
Crisantemo	Sol	fuego	despojos, dinero, alcoholismo
Espanta Muerto	Saturno	tierra	despojos, exorcismos
Dátil	Sol	aire	impotencia, fertilidad, dinero
Damiana	Marte	fuego	amor, meditación, psiquismo
Eucalipto	Luna	agua	salud, despojos
Fresa	Venus	agua	amor, suerte, prosperidad
Gardenia	Venus, Luna	agua	amor, salud, meditación, paz

116

Yerbas

Yerba	Planetas	Elemento	Usos
Geranio	Venus	agua	amor, salud, protección
Ginseng	Sol	fuego	energía, salud, amor
Girasol	Sol	fuego	amor, salud, fertilidad, dinero
Granada	Mercurio	fuego	despojos, fertilidad, salud, amor dinero
Helecho	Mercurio	aire	salud, amor sueños proféticos, despojos
Hisopo	Júpiter	fuego	purificación, despojos, protección
Iris	Luna, Venus	agua	purificación, psiquismo, sabiduría
Jazmín	Luna, Venus	agua	amor, dinero, sueños proféticos
Jengibre	Marte	fuego	amor, poder, dominio, protección, triunfos

Yerba	*Planetas*	*Elemento*	*Usos*
Juan Conquistador	Marte	fuego	amor, dinero, control enemigos, triunfos
Laurel	Sol	fuego	triunfos, dinero, poder, psiquismo
Lechuga	Venus	agua	pureza, dinero, protección, amor
Limón	Luna, Venus	agua	amor, despojos, larga vida
Lirio	Luna, Venus	agua	pureza, paz, destruir hechizos amorosos
Llantén	Venus	tierra	amor, salud, protección
Muérdago	Sol, Venus	aire	amor, protección, fertilidad, despojos
Mandrágora	Mercurio	fuego	amor, dinero, poder, salud
Maíz	Sol, Venus	tierra	suerte, dinero, protección, prosperidad
Manzanilla	Sol	fuego	amor, dinero, salud
Malva	Luna	agua	amor, protección, despojos

Yerbas

Yerba	Planetas	Elemento	Usos
Menta	Mercurio	fuego	poder mental, amor, salud, despojos
Mejorana	Mercurio	aire	protección, despojos, suerte, dinero, salud
Mirto	Venus	agua	amor, fertilidad, paz, dinero
Mora	Mercurio	aire	fortaleza, paz, despojos
Naranja	Sol, Venus	fuego	amor, dinero, salud, abundancia
Nuez	Sol	fuego	salud, poder mental, fertilidad
Olmo	Saturno	agua	amor, poder, fertilidad
Orquídea	Venus	aire	amor, paz, armonía, prosperidad
Peonía	Sol	fuego	suerte, dinero, despojos
Pino	Marte	aire	poder, triunfo, dinero, salud, despojos

Yerba	Planetas	Elemento	Usos
Piña	Sol	fuego	suerte, dinero, salud
Papaya	Luna	agua	amor, protección, dinero
Patata	Luna	tierra	dinero, salud, exorcismos
Perejil	Mercurio	aire	pasión, dinero, purificación
Pepinillo	Luna	agua	salud, fertilidad, castidad
Pera	Luna, Venus	agua	amor, abundancia, casos de corte
Pimienta	Marte	fuego	poder, dinero, despojos
Pimentón	Marte	fuego	control enemigos, triunfo, amor
Pimienta de guinea	Marte	fuego	poder, triunfo, precipitar sucesos
Poleo	Marte	fuego	triunfo, fuerza, paz
Pasote	Marte	fuego	exorcismos, desenvolvimiento
Ruda	Marte	fuego	exorcismos, salud, poder mental, amor

Yerbas

Yerba	Planetas	Elemento	Usos
Romero	Sol	fuego	amor, pasión, dinero, salud, poder mental
Rompezaragüey	Marte	fuego	exorcismos, desenvolvi-miento, poder
Roble	Sol	fuego	salud, poder, dinero, suerte, virilidad
Repollo	Luna	agua	amor, dinero, prosperidad
Rosa	Venus	agua	amor, salud, suerte, poder, protección
Raíz Adán y Eva	Venus	agua	amor, unión, matrimonio, alegría
Remolacha	Saturno	tierra	amores imposibles, amantes infieles
Salvia	Júpiter	aire	salud, protección, despojos, vida larga

121

Yerbas

Yerba	Planetas	Elemento	Usos
Sauce	Luna, Venus	agua	amor, protección, salud
Saúco	Venus	agua	despojos, salud, protección
Salgazo	Luna	agua	despojos, hechizos con el mar, psiquismo
Semilla de sen	Mercurio	aire	amor, fertilidad
Siempreviva	Júpiter	aire	amor, suerte, protección, vida larga
Tabaco	Marte	fuego	salud, poder, triunfo
Tártago	Marte	fuego	despojos, poder, exorcismos
Trigo	Sol, Venus	aire	dinero, fertilidad
Tonka	Venus	tierra	amor, dinero, triunfo
Trébol	Mercurio	aire	suerte, dinero, protección, triunfo
Tulipán	Venus	tierra	amor, protección, dinero

Yerbas

Yerba	Planetas	Elemento	Usos
Uva	Luna, Venus	agua	fertilidad, poder mental, dinero
Valeriana	Venus	agua	amor, despojos, sueños proféticos
Vainilla	Venus	agua	amor, suerte, poder mental
Verbena	Venus	agua	amor, dinero, protección, paz, suerte
Verdolaga	Luna	agua	amor, suerte, felicidad, protección
Violeta	Venus	tierra	protección, amor, paz, suerte, psiquismo
Yerbabuena	Mercurio, Luna	aire	salud, amor, despojos, dinero
Yombina	Venus	tierra	seducción, amor

Yerba	*Planetas*	*Elemento*	*Usos*
Yerba mate	Sol	fuego	despojos, amor, exorcismos, fidelidad,
Yuca	Marte	fuego	purificación, exorcismos, psiquismo, paz
Zanahoria	Marte	tierra	fertilidad, dinero, virilidad, amor
Zarzaparrilla	Júpiter	fuego	amor, dinero, despojos
Zarzamora	Venus	agua	salud, dinero, protección

124

Como habrá notado el lector, el planeta que rige a una yerba no está necesariamente asociado con el elemento al cual pertenece. Por ejemplo, algunas de las yerbas asociadas con el Sol no pertenecen al elemento fuego que es el elemento del Sol. Esto se repite a través de la lista.

Más adelante, en la sección de hechizos y sortilegios, les daré varios de los trabajos mágicos que hacen los brujos con algunas de estas yerbas.

Advertencia: Ciertas plantas tales cómo: Azafrán, Ciruela, Bálsamo de gilead, Ciprés, etc) pueden ser venenosas o fatales si se comen, beben, entran en contacto con heridas en la piel, o son inhaladas cuando se queman como incienso. Esta advetencia se deben ser tener en cuenta al utilizar cada planta. La venta y uso de algunas de estas hierbas son restringidas por la ley, incluso la posesión de muchas de ellas puede ser perjudicial. Verifique cada planta que aplica en su cuerpo con un libro de datos referentes a hierbas.

LOS COLORES

Los brujos usan mucho los colores en sus practicas mágicas. Existen 7 colores básicos en el espectro solar: rojo, naranja, amarillo, verde, azul claro, azul índigo y violeta. Estos son los mismos colores que se pueden apreciar en el arco-iris ya que éste es formado por luz difractada o dividida. Todos estos colores están encerrados en cada rayo de luz y en el blanco. El color negro es ausencia de luz y de color.

En realidad sólo existen 3 colores primarios, rojo, amarillo y azul. Todos los colores que conocemos están formados de una mezcla de estos colores. En algunos matices se añade blanco o negro. Si analizamos el espectro solar podemos ver que el naranja, que sigue al rojo, es una combinación del rojo y del amarillo que sigue al naranja en el espectro solar. El verde es una combinación del amarillo y del azul. El violeta es una combinación del rojo y del índigo ya que el espectro solar se dobla sobre sí, y el violeta y el rojo se encuentran a su final.

Los colores

Los colores están asociados con los planetas, los signos zodiacales y los elementos. El amarillo está asociado con el elemento aire; el rojo con el elemento fuego; el azul con el elemento agua; y el verde con el elemento tierra. Los signos zodiacales también tienen sus colores:

Aries	rojo
Tauro	verde
Géminis	naranja
Cáncer	azul claro/plateado
Leo	amarillo/dorado
Virgo	azul gris/marrón
Libra	azul/rosado
Escorpión	color vino
Sagitario	azul índigo
Capricornio	negro
Piscis	aquamarino

Los colores de los planetas son los siguientes:

Sol	amarillo/dorado (Leo)
Luna	violeta/plateado (Cáncer)
Marte	rojo (Aries, Escorpión)
Venus	verde (Tauro, Libra)
Mercurio	naranja (Géminis, Virgo)
Júpiter	azul índigo (Sagitario)
Saturno	negro (Capricornio)
Neptuno	aquamarino (Piscis)
Urano	violeta (Acuario)
Plutón	color vino (Escorpión)

Como se puede apreciar en la lista anterior, los colores de los planetas, en su mayor parte, son los mismos que los de los signos zodiacos que rigen.

Los colores

Los brujos usan los colores para hacer bolsitas para protección y para la buena suerte, para invocar espíritus elementales o planetarios, en la magia de los cordones y para hacer curaciones. Para hacer bolsitas de protección usan el color de su signo. Si desean amor, usan el verde, que es el color de Venus; si desean dinero, usan el amarillo o el azul, que son los colores del Sol y de Júpiter, los planetas asociados con el dinero y la prosperidad. Las bolsitas se llenan con yerbas, piedras y otros amuletos naturales asociados con lo que el brujo desea atraer hacia sí.

Para invocar espíritus elementales o planetarios usan los colores asociados con el elemento o planeta adecuado según hemos visto.

La curación a través de colores se conoce como *cromoterapia* ya que "cromo" procede del griego y significa color. A continuación sigue una lista de los colores del espectro solar y las enfermedades que se dice pueden curar o aliviar.

Rojo: es un color dinámico y estimulante y se usa para enfermedades de la sangre, contra la anemia, enfermedades del hígado y de la circulación, y para dar fuerza a una persona débil.

Naranja: se usa a menudo para enfermedades respiratorias, como asma y bronquitis y para combatir la depresión.

Amarillo: actúa como sedativo y es excelente para enfermedades del estómago y problemas digestivos. También se usa contra el estreñimiento y problemas de menstruación. Alivia temores y fortalece la mente.

Verde: este es el color más usado en la cromoterapia ya que es excelente en todo tipo de curaciones. Es especialmente efectivo para enfermedades del corazón, dolores de cabeza, úlceras, y el cáncer. También fortalece el sistema de inmunidad.

Azul claro: se usa especialmente para aliviar inflamaciones, tanto externas como internas. Es excelente para curar quemaduras y heridas. También se usa para aliviar el reumatismo, la artritis y los dolores musculares.

Azul índigo: se usa para enfermedades de la vista, para la ceguera, especialmente las cataratas. También es excelente para mejorar la sordera, para eliminar temores y curar problemas emocionales.

Violeta: es muy efectivo en desequilibrios mentales, para balancear el sistema nervioso y también para la calvicie. Es excelente para desarrollar poderes psíquicos como la telepatía, la intuición y la clarividencia. Ayuda a aliviar el insomnio y promueve sueños proféticos.

Los colores se usan en curaciones de varias formas. Una de las más efectivas y fáciles se lleva a cabo colocando un paño del color asociado con la enfermedad en el lugar afectado. El paño se deja en esa área por un mínimo de una hora diaria mientras la persona se relaja. En casos de excesiva debilidad, anemia o enfermedades del sistema de circulación, donde se usa el color rojo, el paño debe cubrir a la persona de pies a cabeza. También se pueden usar bombillos de colores. El paciente se acuesta boca arriba y se rodea con varios bombillos eléctricos encendidos, del color asociado con la enfermedad. La habitación debe estar completamente oscura para que el color vibre sobre la persona con la mayor intensidad posible. La persona que recibe este tratamiento de luz cromática debe permanecer en esta posición por un mínimo de una hora diaria. Esta es una de las formas más poderosas y efectivas de usar la cromoterapia.

Los brujos también acostumbran tomar jugos o infusiones de frutas del color asociado con una enfermedad que desean curar. Antes de tomarlo, vacían el jugo en una botella que han pintado de antemano en el color adecuado. Cierran la botella herméticamente y la ponen en una ventana por varias horas durante el dia en Luna Creciente para que adquiera las energías solares. Para multiplicar la energía del líquido a menudo le pegan una piedra del mismo color a la tapa de la botella. Estos líquidos, cargados con el color curativo y el poder de la luz solar, son excelentes remedios naturales contra muchas enfermedades.

Las botellas de colores también se usan para preparar filtros de amor, para atraer el dinero, para energía y poder magnético. Se preparan siempre en Luna Creciente, preferiblemente cuando el planeta que rige el deseo está bien aspectado. Por ejemplo, un filtro de amor se prepara hirviendo vino rojo con canela, una pizca de verbena, jengibre, cáscara de manzana, clavos dulces y miel. El vino se cuela y se vierte en una botella pintada de verde, el color de Venus, la cual se tapa con un corcho donde se ha pegado un cuarzo rosado, una de las piedras asociadas con el amor y con Venus. La botella preparada se pone en una ventana en Luna Creciente y se deja por 7 días para que recoja los efluvios del Sol y de la Luna. Al término de ese tiempo, se enfría el vino y se le ofrece una copa a la persona deseada. Si ésta lo toma, su amor es asegurado. La persona que prepara el filtro puede tomar de él también sin peligro alguno.

LOS NÚMEROS

Los brujos hacen todas sus magias, rituales y hechizos basados en el poder de los números. Hay magias que se hacen durante 3, 7, ó 9 días. Otras requieren más tiempo. Los nudos que se hacen en la llamada escalera de la bruja pueden ser 9 ó 40, dependiendo de lo que el brujo desea lograr. Por ejemplo, si lo que desea es dinero coge la escalera, que es una cinta o cordón rojo de buen espesor, y después de haber levantado el cono del poder, que ya hemos descrito, concentra fuertemente en el dinero que necesita y grita, "dinero" y de inmediato hace un nudo con toda su fuerza en el cordón. Mientras hace esto, está corriendo alrededor del círculo mágico. Luego que siente que ha acumulado suficiente energía, vuelve a gritar "dinero" y hace un segundo nudo un poco más arriba del primero. Esto lo repite 9 veces. Al otro día, coloca un billete de denominación alta frente a él o ella. Toma el cordón entre las manos y desata el primer nudo sobre el billete diciendo:

Los números

Este hechizo ya está hecho,
el dinero es mi derecho.
Multiplíquese el billete,
por el nueve y por el siete.

Esto se repite por 9 días, hasta que todos los nudos han sido desatados. El brujo luego carga el billete sobre su persona durante 7 días para completar el hechizo. El billete, que es el símbolo del dinero multiplicado que el brujo desea, es luego guardado en un lugar seguro o depositado sobre su altar.

Este hechizo con la escalera de la bruja se puede hacer para amor y para lograr lo que el brujo pueda desear, usando siempre los números adecuados.

Muchos de los baños y despojos que hacen los brujos toman en consideración los números, usando cierta cantidad de yerbas específicas para hacer estas infusiones. Para baños de amor y de dinero se usan 3, 5 ó 7 yerbas. Para despojos de protección y exorcismos se usan 3, 7 ó 9.

Los signos zodiacales y los planetas también tienen números asociados con ellos y éstos son también considerados por el brujo en sus magias más poderosas.

Aries	9
Tauro	6
Géminis	5
Cáncer	2
Leo	1, 4
Virgo	5
Libra	6
Escorpión	9
Sagitario	3
Capricornio	8
Acuario	4
Piscis	7

Los números

Los números asociados con los planetas son:

Sol	6
Luna	9
Marte	5
Mercurio	8
Venus	7
Júpiter	4
Saturno	3
Urano	2
Neptuno	1
Plutón	0

Los brujos usan la numerología para asegurarse de que sus nombres mágicos suman el mismo número que su nombre de pila o que el nombre mágico tiene un número de poder como 3, 7 ó 9. Algunos brujos consideran el 13 un número de gran poder y otros lo evitan como número de mala suerte. La numerología moderna le da los siguientes números a las letras del alfabeto. Los números que se usan son del 1 al 9, por lo cual muchas de las letras comparten en mismo número.

a, j, s	1
b, k, t	2
b, k, t	3
d, m, v	4
e, n, w	5
f, o, x	6
g, p, y	7
h, q, z	8
i, r	9

Los números

Según esta lista una persona con el nombre de Ada Olmo, suma 7.

Este número se consigue sumando el valor de las letras que componen el nombre de Ada Olmo:

A	–	1
D	–	4
A	–	1
		6

134

O	–	6
L	–	3
M	–	4
O	–	6
		$19 = 1 + 9 = 10 = 1 + 0 = 1$

Ada	=	6
Olmo	=	1
		7

Las sumas siempre deben ser reducidas a un solo número. Por esta razón, Olmo, que suma 19, es reducido hasta alcanzar una sola cifra que en este caso es el numero 1.

Si Ada Olmo desea que su nombre mágico sume el mismo número que su nombre de pila, debe buscar un nombre mágico que le agrade y si suma más o menos que su nombre de pila, le añade una o más letras hasta lograr que ambos sumen igual. Por ejemplo, si el nombre mágico que ha escogido es Luna, podemos ver con el uso de los valores numéricos de las letras, que este nombre suma 12, el cual reducido a una sola cifra nos da 3. Ada le puede añadir una "d", que vale 4, al final de Luna, convirtiendo al nombre en Lunad, que suma 7, igual que Ada Olmo. O puede hacer una combinación de una "a", que vale 1 y una "l" que vale 3, para transformar al nombre en Lunala que también suma 7.

Algunos brujos cambian sus nombres, adoptando otros que suman números de poder como el 3, 7, 9 ó 21. Hay cifras dobles como el 11, 21, 22 y 33, que son considerados números maestros. El 11 y el 22 se consideran números de tal poder, que sólo personas con grandes poderes mágicos y conocimientos amplios de numerología pueden trabajar con ellos. El 21 es un número de gran fuerza ya que es un 7 multiplicado por un 3. El 33 está asociado con la edad de Cristo y también con la ley del 3 duplicada en poder.

Los valores numéricos de las letras también son usados para hacer sortilegios y hechizos de todas clases. Una práctica común entre muchos brujos es escribir en un papel un deseo específico y luego reducir ese deseo a un solo número. Ese número se escribe luego en las palmas de las manos y plantas de los pies con tinta mágica cada día hasta conseguir lo que se desea.

Esto se puede hacer para atraer el amor de una persona, para conseguir dinero y cualquier otra cosa que el brujo desee lograr.

Hay varias formas de preparar la tinta mágica. Una de las más populares es disolviendo la resina conocida como sangre de dragón en un poco de alcohol y goma arábiga. Esta tintura se purifica en los 4 elementos, pasándola por la llama de una vela roja para consagrarla en el elemento fuego; pasándola por sal para consagrarla en el elemento tierra; pasándola por agua para consagrarla en el elemento agua; y pasándola por el humo de incienso para consagrarla en el elemento aire. Muchos brujos utilizan una pluma de ave, también consagrada de la misma manera, para escribir con la tinta mágica.

Hay muchas otras formas de usar los números y los valores numéricos de algo para alcanzar un deseo.

LOS INCIENSOS

La importancia del incienso en Wicca y en toda práctica mágica es su aroma y como éste afecta al cerebro. Se han hecho muchos estudios científicos sobre la influencia de distintos olores en el ser humano. Por ejemplo, el olor de la menta es usada en algunas escuelas para revitalizar a sus estudiantes ya que se ha comprobado en el laboratorio que su aroma hace a la mente más alerta. Ésta es también la razón por la cual la mayoría de las pastas dentríficas usan el olor a menta como principal ingrediente ya que ayuda a quien la usa a sentirse refrescado y alerta. También se ha descubierto que la canela induce a sentimientos cálidos y amorosos en una persona y es considerada afrodisíaca por muchos neurólogos. La vainilla, el café, y el tabaco ayudan a relajar a las personas que perciben su aroma.

Por esta razón el uso de ciertos aromas en forma de incienso es muy común en la práctica de la magia.

Los Inciensos

Los brujos saben que todos los olores afectan al subconsciente humano ayudando a liberar poderosas energías psíquicas durante rituales de importancia. Cada planeta y cada elemento, así como toda entidad espiritual, pueden ser contactados a través de los inciensos que se les adjudican. Según vimos en la sección sobre yerbas, éstas son asociadas con un planeta y un elemento. Estas yerbas son a menudo usadas en inciensos planetarios y elementales quemándolas en combinaciones especiales sobre carboncitos encendidos. Cada entidad espiritual, tanto las negativas como las positivas, también están asociadas con ciertos planetas y elementos. Si se sabe cuál elemento y cuál planeta está adjudicado a una entidad en particular, se sabe de inmediato qué tipo de yerbas deben usarse para contactarla. Por ejemplo, el Arcángel Rafael está asociado con el elemento aire y también con el Sol y el planeta Mercurio. Un incienso adecuado para contactar a Rafael de acuerdo a la lista de yerbas que ya les he dado incluiría hojas de álamo (Mercurio y Aire), mejorana (Mercurio y Aire), perejil (Mercurio y Aire), trigo (Sol y Aire), y pedacitos de dátiles (Sol y Aire). Este incienso incluye yerbas tanto de Mercurio como del Sol además del elemento Aire. Para hacer el aroma más agradable se le añade una de las especias y resinas comunes que son más comúnmente asociadas con el elemento y planetas como indica la lista en la siguiente página.

Resinas y especias	Planetas	Elemento
Mirra	Saturno	Tierra
Nardo (Spikenard)	Saturno, Mercurio	Tierra, Aire
Pacholí	Saturno	Tierra
Casia	Saturno	Tierra
Sangre de dragón	Marte	Fuego
Asafétida	Marte	Fuego
Mostaza	Marte	Fuego
Galangal	Marte	Fuego
Goma arábiga	Sol	Fuego
Vainilla	Sol	Fuego
Canela	Sol, Venus	Fuego, Tierra
Frankincienso	Sol	Fuego
Copal	Sol	Fuego
Benjuí	Venus	Tierra
Sándalo	Venus	Tierra
Estoraque	Venus, Mercurio	Tierra, Aire
Vetivert	Venus	Tierra
Anís	Mercurio	Aire

Resinas y especias	Planetas	Elemento
Lavándula	Mercurio	Aire
Clavos	Mercurio	Aire
Bergamota	Mercurio	Aire
Alcanfor	Luna	Agua
Lirio de florencia	Luna	Agua
Galbanum	Luna	Aire
Ylang–ylang	Luna	Agua
Nuez moscada	Júpiter	Fuego
Tabonuco	Júpiter	Fuego

En el caso del incienso de Rafael, se le puede añadir lavándula y anís por el planeta Mercurio y el elemento Aire y frankincienso y goma arábiga por el Sol. Esto haría a este incienso intensamente aromático y de un poder extraordinario.

Para invocar a las fuerzas de la Luna, incluyendo a la Gran Diosa y al Arcángel Gabriel, se usarían yerbas lunares como anamú, eucalipto y verdolaga, añadiéndole alcanfor, ylang-ylang y lirio de florencia. Este es un incienso lunar de gran potencia y poderoso aroma.

Cada entidad espiritual invocada en Wicca o en cualquier ritual de alta magia requiere las yerbas, resinas y especias que atraen a ese espíritu de acuerdo a su asociación con los planetas y los elementos. De lo contrario el contacto con esta entidad no es seguro.

Los Inciensos

Existen en el mercado una gran cantidad de inciensos que vienen en forma de varitas, conos, aceites y esencias. Muchos de ellos, sobre todo los que están hechos de resinas o ciertas fragancias como la canela, el jazmín, las rosas, o el frankincienso, son usados en rituales de menor importancia o para despojar el templo o lugar donde se va a llevar a cabo el ritual. Son también excelentes para despojar a una casa de influencias negativas. Uno de los inciensos más populares en meditaciones y despojos de este tipo es el incienso hindú conocido como Nag Shampa. Este incienso viene en varitas y conos y es usado muy comúnmente en los templos de la India y para invocar la ayuda de dioses hindúes como Ganesh, Laxmi, Vishnu y Shiva. También muy popular en los Estados Unidos son los mazos de yerbas secas que vienen amarrados y listos para quemar. Las yerbas más populares en estos inciensos son la salvia, el cedro y la lavándula. Este tipo de incienso proviene de las prácticas del indio nativo norteamericano.

También muy populares son los inciensos en forma de aceites y esencias naturales que se queman en las lámparas de aromaterapia. Esta costumbre está creciendo en popularidad y muchas personas usan las lámparas de aromaterapia sólo para relajarse y perfumar el hogar.

Algunas de estas lámparas son eléctricas, pero la mayor parte usan una pequeña vela redonda conocida como vela de té. La lámpara tiene un pequeño recipiente donde se coloca el aceite o esencia preferida. Debajo de este recipiente hay un espacio donde va la vela, la cual al encenderse calienta el perfume el cual se dispersa rápidamente por la habitación. Las lámparas de aromaterapia son muy recomendadas por psicólogos y muchos médicos para ayudar a la relajación y al bienestar de una persona que padece de tensiones, insomnio, o estrés. Los aromas más recomendados son el sándalo, la lavándula, la menta, la canela, la rosa y la vainilla. Todo esto indica que la ciencia ha descubierto al fin el efecto que los olores tienen sobre la mente humana, algo que los brujos han sabido por muchos siglos.

A continuación sigue una lista de los inciensos más comúnmente usados por los brujos en sus rituales y ceremonias. Estos inciensos se usan solos o en combinación con otros ingredientes para multiplicar su poder. Se queman sobre uno o dos carboncitos encendidos.

Almizcle: para atraer al amor y el matrimonio.

Asafétida: se usa para despojar el hogar de influencias oscuras y en todo tipo de exorcismos.

Benjuí: para purificación, prosperidad, poder mental y también en magias amorosas. Es uno de los ingredientes de la tinta mágica.

Cáscara de ajo: excelente en purificaciones y para exorcizar espíritus oscuros.

Canela: excelente en inciensos de amor y para atraer el dinero.

Comino: se usa especialmente para atraer el dinero y la prosperidad.

Goma arábiga: para purificación y protección del hogar. Es otro ingrediente de la tinta mágica.

Laurel: para salud, triunfo, prosperidad y abundancia. También se usa para aumentar el poder mental.

Cedro: para la protección, espiritualidad y para obtener dinero.

Civet: para atraer el amor y el matrimonio.

Clavos dulces: para obtener dinero, protección, amor y purificación.

Copal: para la protección, la purificación y promover la espiritualidad. También se usa para limpiar los cristales de cuarzo blanco y otras piedras antes de un ritual.

Sangre de dragón: para el amor, la protección, triunfo y dominio de toda situación.

Helecho: se quema adentro del hogar para exorcizar el mal y afuera para atraer la lluvia.

Lavándula: para atraer el amor y la prosperidad.

Frankincienso o incienso de iglesia: para protección, purificación e invocar fuerzas superiores.

Mirra: para curar enfermedades, exorcismos, paz y durante meditaciones.

Tabonuco: para obtener dinero y prosperidad y para exorcismos.

Romero: para conciliar el sueno, para paz y salud. También es recomendado para restaurar o mantener la juventud, atraer el amor y poder mental.

Salvia: para obtener dinero, protección, espiritualidad y salud.

Sándalo: para el amor y la buena suerte.

Estoraque: para dinero, abundancia y prosperidad. También para meditar y atraer fuerzas superiores.

Damiana: para entrar en trances durante meditaciones.

Mandrágora: para atraer el amor y la buena suerte.

Raíz Juan conquistador: para el amor, obtener dinero y el triunfo.

Salitre: para multiplicar el efecto de otros inciensos, para atraer dinero en grandes cantidades.

Pacholí: para amor, dinero y buena suerte.

Lirio de florencia: para el amor y el matrimonio.

Anís: para el amor, el dinero y la salud. También para protección y purificación.

Valeriana: para exorcismos, durante meditaciones y para atraer dinero.

144

Los brujos preparan combinaciones de incienso para los distintos signos y para alcanzar metas especiales. A continuación varias de estas formulas.

Incienso de Aries: dos partes de frankincienso, una de jengibre, una de pimienta roja y una de cedro.

Incienso de Tauro: dos partes de canela, dos partes de benjui y unas gotas de aceite de rosas.

Incienso de Géminis: dos partes de goma arábiga, cáscara de limón y de naranja rayadas, clavos de especias.

Incienso de Cáncer: dos partes de mirra, una de sándalo, una de eucalipto, cáscara de limón rayada y una pizca de alcanfor.

Incienso de Leo: dos partes de frankincienso, una de laurel, una de sándalo y una de canela.

Incienso de Virgo: dos partes de tabonuco, una de pacholí, una pizca de sal y hojas de sauce llorón secas.

Incienso de Libra: dos partes de sándalo, una de canela, una de verbena y unas gotas de aceite de rosas.

Incienso de Escorpión: cuatro partes de benjuí, una de tabonuco, una de pimienta negra, una de sándalo y una de cedro.

Incienso de Sagitario: una parte de estoraque, una de clavos, la cáscara de una granada rayada y unas gotas de ambergris.

Incienso de Capricornio: dos partes de sándalo, una parte de benjuí, una de pacholí y polvo de piedra pómez.

Incienso de Acuario: una parte de tabonuco, una parte de hojas de ciprés, y una de damiana.

Incienso de Piscis: una parte de salgazo, una parte de mirra, una de eucalipto y cáscara de limón rayada.

Incienso para dinero: dos partes de frankincienso, una de canela, una de nuez moscada, cáscara de limón y de naranja ralladas y una de laurel.

Incienso para el amor: dos partes de sangre de dragón, una de lirio de florencia, una de canela, una de pétalos de rosas rojas, una de pacholí y una de almizcle.

Incienso para consagrar amuletos, joyas, piedras y talismanes: una parte de estoraque, una de frankincienso, una de benjuí y una de mirra.

Incienso para suerte en los negocios: dos partes de benjuí, una de canela y una de albahaca.

Incienso para despojar el hogar de influencias impuras: tres partes de frankincienso, tres de copal, dos de mirra y una de sándalo.

145

Los Inciensos

Incienso para romper maldiciones y brujerías: dos partes de sándalo y una de laurel. Se quema durante siete noches seguidas en Luna Menguante.

Incienso para tener sueños proféticos: dos partes de sándalo, una de pétalos de rosas blancas, una de alcanfor, una de flores de azucena y unas gotas de aceite de jazmín.

Incienso poderoso para alejar problemas, peligros y personas importunas: tres partes de frankincienso, dos de sangre de dragón, dos de mirra, una de romero, una de asafétida, una de pimienta, una de ruda, y una de cáscara de ajo.

Incienso de la Luna: tres partes de frankincienso, una de sándalo y una de alcanfor.

Incienso para asuntos de papeles: dos partes de benjuí, dos de frankincienso, una de lavándula, y una de mejorana seca.

Incienso para invocar espíritus: una parte de anís, una de lavándula, una de semilla de coriander, y una de semilla de cárdamo.

Incienso para obtener visiones: tres partes de frankincienso, una de laurel y una de damiana. Se quema durante meditaciones.

Incienso universal: tres partes de frankincienso, dos de benjuí, una de mirra, una de sándalo y una de romero. Este incienso se usa para toda clase de rituales mágicos positivos y para invocar las fuerzas cósmicas.

ACEITES, BAÑOS, RESGUARDOS

Los aceites más populares y más poderosos se conocen como aceites esenciales y llevan este nombre porque son concentrados. Sólo se necesita una gota de un aceite esencial para esparcir su aroma por toda una habitación. Los aceites esenciales son usados especialmente en las lámparas de aromaterapia.

Los brujos prefieren preparar sus propios aceites e infusiones hirviendo las yerbas, flores u hojas de la fragancia que necesitan. El aceite de rosas, por ejemplo, se prepara hirviendo pétalos de rosas en aceites puros, como el de jojoba, que se consigue en todas las tiendas de productos naturales. De la misma manera se puede preparar aceite de canela, de lavándula, de gardenia, de menta y otros aromas. La ventaja de estos aceites es que son puros, sin sustancias preservativas que los puedan contaminar. También se pueden preparar esencias macerando las flores o yerbas en alcohol por varias semanas. Las flores o yerbas con el alcohol se conservan en un recipiente oscuro bien tapado. Luego el líquido se cuela y el resultado es una fragancia pura y natural. El tipo de alcohol que se usa es el alcohol de madera, "ethyl alcohol", no el alcohol ysopropil que se consigue en las farmacias. Las yerbas que se maceran en el alcohol deben ser secas ya que las frescas contienen mucha agua y su aroma se diluye en el alcohol.

Una de las yerbas más mágicas que existen es el Ditanio de Creta (*Dittany of Crete*). Es muy difícil de conseguir pero las tiendas que se especializan en yerbas exóticas a veces la tienen. Los brujos preparan un aceite muy poderoso para usar durante viajes astrales que usa el Ditanio de Creta, hervido en aceite de jojoba con canela, jazmín, sándalo y benjuí, en partes iguales. Este es una especie de ungüento volador que transporta a la persona a otros planos de existencia. Para usarlo es necesario frotar el aceite por todo el cuerpo. No es alucinógeno ni peligroso, pero establece conexiones con el subconsciente y ayuda a entrar en el trance que conduce al viaje astral.

148

Otro ungüento popular entre las brujas se prepara hirviendo aceite de jojoba con sándalo, canela, pétalos de claveles y verbena. Este ungüento se debe conservar en un recipiente el cual se ha marcado con un pentagrama o estrella de cinco puntas. Se usa para lograr la unión total con la Gran Diosa o Madre Cósmica y su Divino Consorte.

Para atraer riquezas los brujos utilizan un ungüento preparado con cera de abejas —que se consigue en las tiendas de productos naturales— mezclado con unas gotas de aceite de pacholí, aceite de clavos dulces, aceite de albahaca y aceite de roble. Estos aceites se preparan de antemano hirviendo las yerbas o sustancias en aceite de jojoba. El aceite se frota en las manos todos los días. También para abundancia, prosperidad, a la vez que salud, se usa el ungüento del dios del Sol. Este se prepara mezclando cera de abejas con aceite de frankincienso, aceite de naranja y aceite de canela.

Para el amor se mezcla aceites de Ylang-Ylang, lavándula, cárdamo, y extracto de vainilla con cera de abejas. Este ungüento se frota por todo el cuerpo antes de una cita amorosa.

Para ayudar a curar enfermedades, se mezcla la cera de abejas con aceites de cedro, sándalo, eucalipto y canela. El ungüento se frota por todo el cuerpo. Pero no se debe usar sobre quemaduras o heridas abiertas. En todos estos ungüentos se derrite la cera de abeja antes de mezclarla con los aceites naturales. Luego, al enfriarse, la cera se condensa de nuevo.

El ungüento de la Luna se prepara también con cera de abejas mezclada con aceite de sándalo, de limón y de rosas. Este ungüento ayuda a establecer contacto con la Diosa de la Luna o Madre Cósmica y es especialmente eficaz en los rituales de Luna Llena.

Uno de los ungüentos más famosos de Wicca es el ungüento volador de los brujos. Durante la Edad Media se creía que los brujos volaban en escobas pero en realidad lo que hacían era usar el ungüento volador, el cual debido a las sustancias alucinógenas que lo componían, creaba la ilusión de que estaban volando. A continuación incluyo dos fórmulas de este ungüento volador. La primera fórmula es extremadamente tóxica y no se debe usar bajo ninguna circunstancia ya que está compuesta de drogas muy peligrosas. La segunda fórmula no es tóxica y puede ser usada sin peligro alguno. No es tan potente como la primera pero se dice que es muy efectiva.

Ungüento Volador #1 (tóxico)

Acónito

Belladona

Cicuta

Marihuana

Hashis

Perejil

Estos ingredientes se reducían a polvo y se mezclaban con manteca de cerdo.

Ungüento Volador #2 (no tóxico)

Aceite de sándalo

Aceite de jazmín

Benjui

Aceite de jengibre

Dittany of Crete (Ditanio de Creta en polvo)

El Ditanio de Creta se mezclaba con los aceites. Ambas fórmulas se frotaban por todo el cuerpo para obtener la sensación de que se estaba volando. Durante estos vuelos imaginarios, se tenían toda clase de alucinaciones y de visiones extraordinarias.

Tanto los aceites como los ungüentos se usan comúnmente en Wicca. Muchos brujos que no tienen tiempo para preparar sus propios aceites, usan aceites esenciales. Estos aceites no son baratos ya que están basados en fuertes concentraciones de cada sustancia, pero son ideales en la práctica de la magia porque son legítimos, no son imitaciones. Se consiguen en muchas tiendas especializadas en sustancias mágicas. Es importante recordar que el brujo lo hace todo a traves de rituales y que tiene mucho cuidado en observar las fases de la Luna durante sus trabajos mágicos. Aun algo tan aparentemente sencillo como la preparación de un aceite, se hace de forma ritualística en Wicca. A continuación, la preparación ritualística de un aceite para atraer el dinero rápidamente a una persona o una casa.

La fórmula del aceite es la siguiente:

7 gotas de aceite de pacholí

5 gotas de aceite de cedro

4 gotas de aceite de vetivert

2 gotas de aceite de jengibre

aceite de jojoba

El aceite se prepara durante la Luna Creciente. El brujo ya tiene preparado un recipiente de vidrio esterilizado. Frente al Este comienza a concentrar el dinero, mucho dinero que viene a él o ella a través de este aceite. Seguidamente echa ⅛ de tasa de aceite de jojoba en el recipiente. Mientras continua visualizando la cantidad de dinero que necesita añade 7 gotas de aceite de pacholí al aceite de jojoba. Lo mueve con algo que no sea de metal, lo huele y sigue visualizando. Ahora añade el aceite de cedro, lo mueve, lo huele y visualiza. El aceite de dinero está creándose cada vez más fuerte. Luego sigue el aceite de vetivert, el cual también mueve y huele mientras visualiza el dinero. Por fin añade el aceite de jengibre. Este aceite es tan potente que sólo dos gotas son necesarias. El brujo mueve y huele. El aceite del dinero ya está listo. El brujo levanta el recipiente entre las manos, lo presenta al Este, al Sur, al Oeste y al Norte diciendo en cada punto cardinal que grandes cantidades de dinero vendrán a él a través del uso de este aceite.

Ahora espera que llegue la Luna Llena, guardando el aceite en un lugar oscuro. La noche de plenilunio se desnuda del todo y se frota un poco del aceite por todo el cuerpo visualizando que el dinero fluye a él rápidamente.

Después de esto, el aceite es usado a diario pero sólo en las palmas de las manos. Es importante recordar que cuando se pide dinero a través de la magia nunca se dice de donde va a venir. Es necesario dejar que el dinero llegue a la persona de forma natural y de cualquier fuente. También es importante usar un gotero para medir los aceites.

Este aceite y todo aceite mágico también puede ser usado para frotar o ungir velas, cristales o piedras, amuletos, talismanes y bolsitas o resguardos. Los aceites mágicos también se usan en la bañera, echando sólo unas gotas en el agua antes de bañarse para energizar el aura.

152

Antes de discutir los baños rituales de los brujos, quiero darles varias formas de preparar la tinta mágica. La receta más tradicional se hace mezclando benjui, goma arábiga y polvo sangre de dragón con un poco de alcohol. Esta tinta es roja y muy potente. También se puede preparar un tipo de tinta mágica mezclando goma arábiga con jugo de remolachas. Otra tinta mágica muy potente se prepara con hollín de chimenea o el que queda en los lados de los vasos de velas usadas. Este hollín, que es un polvo negro, se mezcla con unas gotas de agua destilada y goma arábiga. Es difícil de preparar ya que mancha de negro todo lo que toca pero es de gran poder.

La tinta invisible se prepara mezclando jugo de limón con un poco de leche.

Todas las tintas mágicas se usan con plumas antiguas de las que se meten en la tinta cada vez que se va a escribir o, preferiblemente, con plumas de aves. La pluma que se utiliza debe ser purificada pasándola por agua, incienso, sal y la llama de una vela roja antes de usarla. Estos son símbolos de los cuatro elementos: agua, aire, tierra y fuego.

La tinta invisible se usa para ayuda en la visualización. Cuando un brujo desea algo escribe su deseo con tinta invisible en papel de pergamino virgen, que está hecho de piel de oveja. Deja que se seque el papel donde no se va a ver nada de lo que escribió. Observa el papel en blanco por unos minutos, expresando su deseo en voz alta varias veces. Luego enciende una vela blanca y coloca el papel sobre la llama pero sin quemarlo. Poco a poco lo que escribió en él se va a hacer visible. Cuando ve la escritura sobre el papel, el brujo dice que de la misma manera que sus palabras han aparecido sobre el papel, así sus deseos se han de ver cumplidos. Esta es una magia sencilla pero muy potente.

153

Los baños de despojos que usan los brujos no son hervidos como se suelen preparar en muchas partes de Latino América. Los baños de los brujos se preparan en pedazos de tela de lino o de estopilla. La tela debe ser lo más transparente posible, blanca o sin color. En el medio del pedazo de tela el brujo coloca una combinación de yerbas de acuerdo a lo que desee lograr a través del baño, ya sea purificación de influencias negativas, amor, salud, dinero o buena suerte. Mientras mezcla las yerbas —que deben ser secas— con las manos visualiza lo que desea y lo expresa en voz alta. Amarra la tela con un cordoncito y mete este envoltorio en el agua de una bañera, que debe estar lo más caliente posible. Las yerbas comienzan a emanar su energía tan pronto entran en contacto con el agua caliente. El brujo espera hasta que el agua este perfumada con el olor de las yerbas y se haya refrescado un poco. De inmediato entra al baño, se relaja bien en él y comienza a visualizar su deseo. Muchos brujos colocan velas flotantes sobre el agua para multiplicar sus energías. Luego que ha permanecido en el baño por un mínimo de media hora, termina su visualización y deja que el agua del baño se vaya por el desagüe imaginando que así mismo se van de su vida todos los problemas y obstáculos. Las yerbas usadas durante el baño se tiran y la tela se enjuaga, se seca y se guarda para usarla en otra ocasión. Estos baños se repiten, tres, cinco, siete o nueve veces dependiendo de la necesidad. Como es fácil percibir, este tipo de baño es mucho más efectivo que el que se tira por los hombros porque la influencia de las yerbas está en contacto con el cuerpo por mucho más tiempo.

A continuación una lista de fórmulas de baños para distintas necesidades.

154

Baño contra hechicerías

4 partes de romero

3 partes de tártago

2 partes de laurel

1 parte de pasote

Baño afrodisíaco para el amor

3 partes de pétalos de rosas rojas

2 partes de romero

2 partes de tomillo

1 parte de mirto

1 parte de flores de jazmín o azucenas

1 parte de lavándula

Baño para romper adicciones

2 partes de romero

1 parte de lavándula

1 parte de hojas de limón

1 parte de verbena

1 parte de salvia

Baño para exorcismo

2 partes de albahaca

2 partes de romero

2 partes de comino

1 parte de ruda

1 parte de quita maldición

Baño para el amor

3 partes de pétalos de rosas rojas

2 partes de canela

2 partes de verbena

2 partes de mirto

2 partes de lavándula

2 partes de flores de azahar

Baño para dinero

3 partes de pacholí

2 partes de albahaca

1 parte de canela

1 parte de cedro

Baño de purificación ritual

4 partes de lavándula

4 partes de romero

3 partes de tomillo

3 partes de albahaca

2 partes de hisopo

1 parte de menta

1 parte de verbena

1 pizca de valeriana

Baño para despertar poderes psíquicos

3 partes de hojas de limón

2 partes de tomillo

2 partes de cáscara de naranja

1 parte de clavos dulces

1 parte de canela

Baño de las brujas

3 partes de romero

3 partes de pétalos de clavel rojo

2 partes de galangal

2 partes de canela

1 parte de jengibre

Los brujos usan yerbas frescas en despojos de sacudimiento. Es decir, usan manojos de yerbas atadas con un cordón o cinta roja con las cuales rocían agua de sal para despojar sus casas y el lugar de ritual de toda negatividad. La combinación de yerbas que más comúnmente se usa en este tipo de despojo son menta, mejorana y romero.

También muy común en Wicca son almohaditas rellenadas con yerbas las cuales se meten adentro de la almohada para diferentes propósitos. Para dormir bien se usan almohaditas de manzanilla o de yerbabuena. Para evitar pesadillas, se rellena la almohadita con anís. Para sueños proféticos, se usa el laurel con una piedra de jade en su interior. Estas almohaditas son de 3 a 4 pulgadas de largo por 3 de ancho. Para tener viajes astrales mientras se duerme, se usa una almohadita rellena con vetivert, sándalo, pétalos de rosas blancas, una semilla de vainilla y una pizca de lirio de florencia.

Las frutas se usan también en la magia de Wicca con diferentes propósitos. Una magia para el amor muy poderosa, utiliza un pomander preparado con una naranja, si se desea atraer a un hombre o un limón verde grande, si se desea atraer a una mujer. El pomander se prepara incrustando clavos dulces de especias por toda la fruta hasta que ésta queda enteramente cubierta por los clavos. Luego se mete la fruta en un recipiente con la siguiente mezcla: canela en polvo, azúcar morena, coriander en polvo, jengibre en polvo, lirio de florencia en polvo, civet y ambergris. Se rueda la fruta en esta mezcla hasta que está bien cubierta de ella y se deja en el recipiente por dos semanas, moviéndola en la mezcla a diario. Mientras se hace esto, se visualiza fuertemente el amor de la persona deseada diariamente. Luego se saca el pomander de su recipiente y se rodea con 7 velas rosadas ungidas con aceite de canela. Se dejan quemar las velas por 7 minutos, visualizando que el amor de esa persona ya es del brujo o bruja.

Luego se amarra una cinta rosada larga al cuello de un clavo de hierro y se entierra el clavo encima del pomander, el cual se cuelga en un lugar donde se vea a diario. Todos los días se le da con la mano al pomander haciéndolo oscilar para que esparza su fuerte fragancia por la habitación. Ésta es una magia amorosa de gran poder.

Los resguardos son bolsitas con polvos, yerbas, piedras, amuletos, talismanes y otros ingredientes que se cargan en la cartera o en el bolsillo para protección y ayuda en distintos aspectos de la vida. También se conocen como *sachets, ouangas* y *yu-yus*. En su mayoría estas bolsitas son rojas ya que este color es símbolo de poder y de pasión pero muchos brujos usan bolsitas verdes o amarillas para atraer el dinero. También se usan bolsitas negras con runas para acumular poder. A continuación varios resguardos con distintos propósitos.

Resguardo para el amor

Bolsita roja como símbolo de pasión

Pétalos de rosas rojas

Verbena

Canela

Raíz Adán y Eva

Lirio de florencia

Un rodocrosito

Un ópalo de fuego

Un cuarzo rosa

Dos imanes

Las piedras de los resguardos se usan sin pulir para mayor potencia. Esto también las hace mucho más económicas que las pulidas las cuales pueden ser costosas.

Resguardo para el dinero

Bolsita verde

Pacholí

Canela

Comino

Clavos dulces

Ámbar

Jade

Aventurina

Pirita

Resguardo para ganar en el juego
Bolsita verde

Pacholí

Nuez moscada

Laurel

Azucenas

Un imán

Un dado verde

Una malaquita

Una chapita de cobre

159

Resguardo para proteger un auto
Bolsita azul

Romero

Albahaca

Verbena

Un cuarzo blanco

Una pizca de sal

Resguardo para protección durante viajes
Bolsita amarilla

Mostaza en polvo

Salgazo

Polvo sangre de dragón

Alumbre

Una turquesa

Una amatista

Resguardo para adquirir riquezas

Canela

Hojas de limón

Una semilla de vainilla

Una semilla tonka

Clavos dulces

Un carborundrum (piedra especial para riquezas)

Una pirita

Hojas de trébol (puede usarse un amuleto en forma de trébol)

Las pociones mágicas son muy populares entre los brujos. Una de las más famosas es el *Néctar de Levanah*, el cual es uno de los nombres de la Luna. El Néctar de Levanah se prepara en Luna Nueva y Luna Llena para conectar con las fuerzas lunares y adquirir poder y energías. El néctar se prepara de la siguiente manera.

EL NÉCTAR DE LEVANAH

S e bate una clara de huevo a punto de merengue y se le añade leche crema, azúcar y vino blanco. Se vierte el líquido en una copa azul que tenga una media Luna plateada inscrita o pintada en su superficie. Hay una copa especial que se usa para este néctar la cual se consigue en tiendas donde se venden implementos mágicos. Tiene el tallo en forma de media Luna.

Una vez que el néctar se ha vertido en la copa, se le añade una piedra de la Luna y se coloca en una ventana o en un lugar donde se vea el firmamento y si es posible la Luna. Frente a la copa se enciende una vela plateada en nombre de las fuerzas lunares y de la Diosa Blanca o Madre Cósmica. Se deja quemar la vela una hora y luego se toma el néctar. Esto se repite cada Luna Nueva y Luna Llena.

Los brujos son muy cuidadosos en sus pócimas y sólo usan agua destilada o embotellada para asegurar su pureza. A continuación encontrará varias fórmulas de pócimas o bebidas populares en la wicca.

Fórmula afrodisíaca para despertar la pasión

Romero

Tomillo

Té en hojas

Coriander (semillas)

Menta

5 capullos de rosa color rosado

5 hojas de limón

Nuez moscada

Cáscara de naranja

Jengibre

Se hierven 3 ó 4 tasas de agua en una tetera y se le añaden los ingredientes. Al cabo de media hora, se le añade miel para endulzar el líquido. Se debe tomar caliente y es extremadamente afrodisíaco.

Fórmula para adquirir clarividencia (no se toma, sólo se aspira su fragancia)

Pétalos de rosas blancas

Canela

Nuez moscada

Laurel

Dittany of Crete

Fórmula para tener sueños proféticos

Pétalos de rosas

Yerbabuena

Canela

Flores de jazmín

Los ingredientes se añaden en una tasa de agua hervida por media hora. Luego se le añade miel y se toma el líquido antes de dormir.

Agua de la Luna

163

Se llena un recipiente de plata con agua destilada o embotellada y se coloca donde le den los rayos de la Luna Llena cuando ésta comienza a salir, alrededor de la caída del Sol. Se deja que la Luna ilumine las aguas toda la noche. Antes de que salga el Sol, al amanecer, se vierte el agua en un recipiente de barro y se tapa bien. Se guarda donde nunca le den los rayos del Sol. Esta agua lunar es maravillosa para atraer el amor, el dinero y despertar poderes psíquicos. Sólo se ungen las manos o la frente con un poco del agua cuando se necesita.

Agua del Sol

Se llena un recipiente de cristal con agua destilada o embotellada y se coloca donde le den los rayos del Sol, empezando con el Sol naciente y terminando cuando éste se pone. Se vierte el líquido en una botella esterilizada y se tapa bien. Esta agua solar es excelente para purificación, energías, salud, y sobre todo para atraer el dinero. Se usa para rociar la casa al amanecer por 3 días seguidos cada mes. La botella con el líquido se deja donde le den los rayos del Sol diariamente. No importa si le dan también los rayos de la Luna.

Fórmula de purificación

Se mezclan 9 yerbas o flores sagradas como romero, verbena, ruda, roble, hojas de pino, acacia, rosas, claveles, tomillo, albahaca, jazmín, yerbabuena, u otras similares. Se colocan en un recipiente que no sea de metal y se le añade agua de lluvia y agua pura. Se ponen en un lugar donde no les dé la luz bien cubiertas por 3 días. Luego se cuela el líquido y se vierte en un recipiente bien tapado. Esta agua es excelente para rociar una casa o para frotarse por todo el cuerpo ya que dispersa toda vibración impura y aleja la mala suerte.

164

Fórmula para proteger una casa

Ruda

Romero

Vetivert

Hisopo

Muérdago

Estas yerbas se hierven en agua pura y se usa el líquido para ungir las ventanas y puertas de la casa. El resto del líquido, después de colado, se vierten por el desagüe para purificar todo lo que sale del hogar. Este líquido no se debe tomar.

Fórmula para el amor

Vino rojo

Canela

Jengibre

Vainilla

Los ingredientes se añaden a la botella de vino y se dejan por 3 días. Luego se sirve a la persona amada.

Fórmula contra el insomnio y las pesadillas

Pétalos de rosas blancas

Mirto

Verbena

Los pétalos de rosas se ponen en un recipiente de agua por 3 días. Cada día se le añaden más pétalos al agua. El tercer día se le añade el mirto y la verbena al amanecer. Se dejan en el recipiente todo el día y luego se cuela y se guarda el líquido en una botella bien tapada. Se frota un poco de este líquido en la frente tres veces cada noche antes de dormir. Esto asegura sueños claros, libres de pesadillas.

Fórmula de la Miel de la Bruja

Esta pócima se usa para atraer el amor, la amistad y sentimientos de bienestar. Se añade en pequeñas cantidades a la comida y la bebida.

Dos tasas de miel

Canela en rama

Clavos dulces

Jengibre azucarado (un pedacito)

Cáscara de limón

Vainilla

Una pizca de cárdamo en polvo

Se energizan los ingredientes enviándoles pensamientos de amor y de armonía y del poder de la bruja. Se colocan en un recipiente de cristal bien tapado y se les enciende una vela rosada a cada lado. Se dejan terminar las velas y se guarda el recipiente durante 3 semanas antes de usar la miel.

Agua de guerra

Esta es una fórmula usada por los brujos cuando están enfrentando un enemigo peligroso del cual desean protegerse. Se colocan 3 libras de clavos de hierro en un recipiente de agua grande al cual se le ha añadido un poco de agua de lluvia. El agua se hierve durante media hora a fuego alto. El líquido se cuela y se vierte en una botella de color oscuro, se tapa bien y se guarda en un lugar donde no le dé la luz por 7 días. Para usarlo se frotan las manos, los pies y el pecho con el líquido a diario mientras dure el problema con esa persona. Esto le da gran poder al brujo sobre ese individuo y le ayuda a vencer la batalla. El agua de guerra es muy popular en casos de corte.

Velas y sus usos

Las velas son de primordial importancia en los ritos y magias de Wicca como en toda práctica mágica. Muchos brujos prefieren preparar sus propias velas porque consideran que las velas comerciales no son tan eficaces. Para preparar sus velas comienzan derritiendo cera virgen y añadiéndole colores vegetales. Luego vierten un poco de la mezcla aun caliente sobre papel parafinado, le colocan un cordón del largo apropiado en el centro y ruedan la cera sobre el papel formando un tubo. Inmediatamente lo sacan del papel y lo ponen a secarse sobre una tabla. Repiten esto varias veces hasta tener una buena cantidad de velas. Luego cortan los extremos del cordón para tener un pabilo de tamaño apropiado. El proceso es repetido con los colores más comúnmente usados por el brujo. Lo que hace este largo proceso deseable es que de esta manera es posible añadirle ingredientes mágicos como polvos y aceites a las velas. Así se pueden preparar velas especiales para el amor, el dinero y otros propósitos mágicos. Muchos brujos sólo preparan las velas blancas de ritual de esta manera y usan las velas comerciales en sus magias regulares.

A continuación los colores de velas más usados por los brujos y sus usos.

Rojo: para mantener la salud, para energía, pasión sexual, valor, protección y defensa contra enemigos.

Rosado: para amor, amistad, relajación, matrimonios.

Naranja: para atracción, energía y para atraer influencias benéficas.

Amarillo: para desarrollar el intelecto, en adivinaciones, en comunicaciones, elocuencia y viajes. También para ayuda en los estudios.

Verde: para dinero, prosperidad, empleo, aumentos, fertilidad, salud, crecimiento.

Azul claro: para curaciones, paz, paciencia, psiquismo y alegría. También se encienden antes de dormir para ayudar a conciliar el sueño.

Azul profundo: para la abundancia, la prosperidad, préstamos bancarios, para pedir ayuda de personas en poder.

Violeta o morado: para adquirir poder, conectar con fuerzas superiores y curar enfermedades graves. Siete velas violetas encendidas en círculo alrededor de la foto de una persona da poder sobre de ésta, si esa persona no sabe defenderse del hechizo.

Blanco: para la protección, la espiritualidad y todo propósito mágico.

Negro: para desvanecer influencias negativas o absorberlas. También se usan en magias de destrucción y de muerte. Muchos brujos recomiendan encender velas negras durante enfermedades mortales para absorber sus influencias destructivas.

Castaño: para destruir hechizos y sanar animales domésticos.

Muchos brujos blancos no usan fósforos para encender velas porque el fósforo está hecho de azufre el cual tiene vibraciones negativas. Otros prefieren los fósforos porque creen que los encendedores le restan magia al fuego. Una sustancia muy recomendada por muchos brujos es el *salitre*, una pizca la cual se echa sobre la llama de la vela para hacerla echar chispas y crecer en altura. Se cree que esto multiplica la energía de la llama.

Durante muchos rituales y magias las velas sólo se dejan encendidas por un lapso de tiempo, especialmente una hora. Al otro día se vuelve a encender con el mismo propósito. Esto hace a la magia más eficaz y duradera que si se dejara terminar la vela del todo. Una excepción a esta regla son las velas que vienen en vasos y que duran varios días. Éstas se dejan terminar del todo. También existen las velas de 7 y 9 nudos. Cada uno de estos "nudos" es redondo y está colocado uno encima del otro. Vienen en distintos colores, especialmente verde para el dinero y rojo para el amor. Se enciende un nudo por día hasta que se termina la vela, haciendo la petición de lo que se desea adquirir cada vez que se enciende uno de los nudos.

Algo que se recomienda mucho en Wicca es no soplar las velas sino apagarlas con el dedo o con un apagador de cirios. Las iglesias cristianas también usan el apagador de cirios para apagar las velas.

Las velas se ungen con aceites especiales antes de encenderlas para multiplicar su energía. Es importante recordar que
cada vela tiene un polo norte (la base) y polo sur (el pabilo).
Por esta razón no se deben frotar con los aceites de arriba hacia
abajo para no destruir la polaridad de la vela. Para frotar la vela,
se aplica el aceite del medio hacia abajo y luego del medio hacia
arriba. Esto la energiza y polariza. Cada vela debe estar colocada en un pequeño candelabro. Se puede usar un platito
pequeño si no se tienen candelabros pero los candelabros son
preferibles en rituales.

A continuación varios rituales simples que usan los brujos
con velas de colores.

Para curar una enfermedad

Se encienden 3 velas azul claro y 3 violetas en sus candelabros en
forma de círculo, alternando los colores. En el medio se coloca la
foto de la persona enferma. Antes de encenderlas, se toma cada
vela en la mano y se energiza con pensamientos positivos de
salud para esa persona. Luego se encienden y se dejan terminar.
El ritual se repite durante 3 días a la misma hora.

Para amarrar a una vela

Este ritual se hace para amarrar el dinero o atraerlo o para
adquirir algo que se desea. La vela se coloca en un candelabro
usando verde para el dinero, rosa para el amor, azul profundo
para prosperidad, o violeta para curar una enfermedad. Antes
de encenderla se toma entre las manos y se energiza mentalmente expresando en voz alta lo que se desea amarrar. Se pueden usar una de las fórmulas de aceite que di antes para energizar a la vela de acuerdo a lo que se desea. Luego se toma un
cordón o cinta del mismo color de vela y se extiende entre las

manos, halándolo con fuerza de ambos lados hasta que esté bien tenso. Mientras el cordón o cinta está tenso se repite lo que se desea amarrar. Luego se amarra el cordón en el mismo medio de la vela. Se hace un nudo y se dice: Con poder y por derecho, este amarre ya está hecho.

Se hace un segundo nudo y se repiten las mismas palabras. Se continúan haciendo nudos con las palabras hasta completar 7 nudos. Luego se enciende la vela y se deja terminar. Esto se repite a diario con una vela nueva por 21 días.

Para amor

171

En un pedazo de tela color de rosa se cosen las iniciales de las dos personas. Las iniciales de quien hace el trabajo se cosen encima de las otras. Luego se cose un corazón alrededor de las iniciales. Se coloca canela, azúcar morena y pétalos de rosas color de rosa sobre la tela y encima se enciende una vela rosada en su candelabro. Se puede usar aceite para el amor para ungir la vela. Se enciende la vela una hora diaria a la misma hora hasta que se termine diciendo estas palabras: Mi amor en tu corazón arde con fuerza y pasión. Luego se envuelve lo que quede de la vela en la tela con los demás ingredientes y se entierra cerca de donde la persona vive o pase a menudo.

Vela de cumpleaños

Al amanecer el día del cumpleaños de la persona ésta inscribe su nombre con un clavo nuevo en una vela plateada. Luego la unge con aceite mineral, alcanfor en polvo, alumbre en polvo, azúcar blanca y polvo plateado. En un papel plateado escribe su más ferviente deseo, uno solo. Luego la enciende por 5 minutos cada hora de ese día leyendo la petición. Unos minutos antes de la medianoche, se acerca a una ventana de donde se pueda ver el cielo y si es posible la Luna. Eleva la vela entre las manos y dice: Diosa Blanca, Madre Mía, concede mi petición, en este solemne día, y dame tu bendición. Se enciende la vela de nuevo, se quema el papel en la llama y se deja terminar la vela.

Para dinero

Se unge una vela verde larga con aceite mineral mezclado con laurel, menta, canela y comino. Se coloca sobre un candelabro y se rodea con 7 monedas de plata. Se enciende una hora y luego se apaga sobre una de las monedas. Al otro día se vuelve a encender por una hora y se apaga sobre otra de las monedas. Esto se repite por 7 días apagando la vela en una moneda distinta cada vez. El último día se vuelve a encender la vela después de haberla apagado y se deja terminar. Las monedas se guardan en una bolsita verde la cual se coloca debajo del colchón de la cama para multiplicar el dinero.

Para controlar a un enemigo

Se unge una vela roja con aceite mineral mezclado con polvo sangre de dragón, pimienta roja y un poco de asafétida. Se amarra la vela de arriba a abajo con hilo rojo, de modo que quede bien cubierta con el hilo. Se enciende la vela y se dice lo siguiente:

Tu quieres guerra y yo quiero paz,
Por el poder de esta vela de mi vida tu te vas.

Se deja terminar la vela y se repite el ritual por 3 días seguidos a la misma hora. Luego se enciende una vela blanca ungida con aceite mineral, azúcar y alcanfor y se lleva por toda la casa visualizando que esa persona está controlada por las fuerzas del bien y no puede hacer más daño.

Para la paz del mundo

Se unge una vela blanca con aceite mineral mezclado con alumbre, hisopo, aceite de rosas, aceite de gardenias y azúcar. Se rodea con 4 cuarzos blancos en forma de cruz, que deben tener la punta fina y ser lo más claros posible.

Se visualiza al planeta tierra envuelto en una luz brillante que sale de cada uno de los cuatro cuarzos. Se enciende la vela y se pide a la Gran Diosa o Madre Cósmica que envuelva al mundo en su manto de amor y de paz. Se deja terminar la vela y se repite por 7 días seguidos. Este ritual es especialmente efectivo cuando hay peligro de guerra en algún lugar del planeta.

EL ESPEJO MÁGICO

Los brujos utilizan varios sistemas de adivinación, entre los cuales se encuentran las runas, las cartas del tarot, la bola de cristal y especialmente, el Espejo Mágico o Espejo Negro. Este método de adivinación se conoce como "escriar". Para preparar el espejo mágico el brujo consigue un pedazo de vidrio redondo, preferiblemente cóncavo. Pinta la parte del cristal que sobresale con pintura negra sin brillo. La parte cóncava del vidrio va a quedar negra también, reflejando el color de su parte opuesta, pero con el ligero brillo que le da su superficie de cristal. Este es el espejo negro. Antes de usarlo es necesario consagrarlo en los cuatro elementos, tierra, agua, fuego y aire. El brujo coloca un poco de sal, que representa el elemento tierra, adentro del espejo negro y dice: Por el poder de la Gran Diosa y su Consorte, el Gran Dios, te consagro en el elemento tierra. Vacía la sal y llena el espejo con un poco de agua destilada y dice: En nombre de la Gran Diosa y su Consorte el Gran Dios, te consagro en el elemento agua. Continua la consagración pasando el espejo por la llama de una vela roja representando al elemento fuego y el humo de incienso, representando al elemento aire.

Durante cada consagración, usa las mismas palabras pero usando el nombre del elemento adecuado. Después que el espejo mágico ha sido consagrado en los cuatro elementos, es expuesto a los rayos de la Luna Creciente, empezando la noche de Luna Nueva y culminando en Luna Llena. Una vez que el espejo está listo, el brujo tiene en sus manos un poderoso implemento de adivinación de grandes cualidades mágicas. Para usarlo, lo llena de agua o de aceite, lo coloca sobre su altar entre dos velas blancas encendidas. Apaga las luces de la habitación y procede a "escriar" o visualizar en la superficie del espejo. Concentra en cada pregunta o cosa que desea saber y observa intensamente las imágenes que se forman en el líquido del espejo o los mensajes mentales que recibe directamente de su subconsciente a través del espejo. Se puede comprar un espejo negro ya listo para usar en una de las tiendas que venden los implementos de Wicca, pero es necesario consagrarlo en los cuatro elementos y exponerlo a los rayos de la Luna Creciente. La consagración en los elementos también debe ser hecha en Luna Creciente.

LA BOLA DE CRISTAL

M uchos brujos alternan el uso del espejo mágico con la
bola de cristal. Existen distintos tipos de bolas adivi-
natorias y las más comunes están hechas de vidrio corriente.
Son enteramente transparentes y claras, pero no tienen el
poder de la verdadera bola de cristal, que debe estar hecha de
cuarzo blanco.

En la lista de piedras que sigue, hablo más largamente
sobre los poderes del cuarzo blanco. Esta es una piedra de
inmenso poder debido a su habilidad de grabar toda impresión que recibe y su conexión con esferas y niveles superiores.
La bola de cristal de cuarzo es fácilmente reconocible porque
raras veces es transparente del todo. Una bola de cristal completamente transparente es de tal valor que su precio es astro-
nómico. Por esta razón, en su mayor parte contienen inclusiones también de cristal en su interior, con solo partes transparentes. Las inclusiones del cuarzo blanco se identifican como
espíritus y fuerzas espirituales que habitan en el corazón de la

piedra. Por esta razón, muchos brujos prefieren las bolas de cristal con inclusiones a las que son claras del todo ya que las consideran más valiosas mágicamente.

El precio de la bola de cristal depende de su tamaño. Mientras más grandes más caras son. Una vez que el brujo ha comprado la bola de cristal que necesita, la sumerge durante 24 horas en una solución de agua destilada o agua pura con bastante sal de mar. Luego la enjuaga y la pone al Sol por un mínimo de 6 horas para re-energizarla. Una vez que está limpia y energizada, procede a consagrarla en los cuatro elementos como se hace con el espejo mágico y luego la expone a los rayos de la Luna Creciente. La bola mágica se usa de la misma manera que el espejo mágico con dos velas blancas encendidas y las luces apagadas. Debe ser colocada sobre un pequeño podio o sostén encima de un paño negro para evitar reflejos. Las manos se ponen con las palmas abiertas a cada lado de la bola para que reciba las vibraciones del brujo. Como el cuarzo graba y recibe impresiones puede plasmarlas en su superficie haciéndolas visibles a quien la observa.

Contrario al espejo mágico, el brujo busca formas e imágenes en la bola de cristal las cuales interpreta psíquicamente. Pueden formarse nubes en el cristal y sus inclusiones pueden tomar formas especiales que le indican un significado determinado al brujo. Muchos brujos usan la bola de cristal comúnmente y para leer el futuro de sus clientes. El espejo mágico es usado para asuntos personales y en situaciones más complicadas. Raras veces se usa para leer el futuro de otras personas.

PIEDRAS, CUARZOS Y SUS USOS

Los brujos usan distintas clases de piedras preciosas y semi-preciosas en sus trabajos mágicos. Entre éstas el más popular es el cuarzo blanco, pero otras piedras, como la amatista, la piedra de la Luna, el ágata, el ámbar y el azabache son también muy populares. El collar ritualístico de la Gran Sacerdotisa está compuesto de cuentas grandes de ámbar y de azabache, alternando una de ámbar y una de azabache hasta completar el collar.

A continuación una lista de las piedras más comunes en Wicca y sus usos.

Ágata: esta es una de las piedras más comunes y de más uso en la magia y en la terapia asociada con el sistema de las chakras. El ágata es una piedra solar de gran energía. Uno de sus principales usos es en forma de disco, colocada sobre el plexo solar para energizar la salud y atraer el dinero, la abundancia y la prosperidad. El ágata viene en varios colores, amarilla cremosa, azul, roja y verde. También hay distintos tipos de ágata como el ágata de musgo que parece tener yerbas en su interior y que existen en blanco, rojo y verde. El ágata dendrítica es excelente para protección durante viajes. Esta ágata es blanca lechosa con estrellas azules o negruzcas en su interior. El ágata de encaje existe en muchos colores. El ágata de encaje azul es excelente para calmar los nervios si se frota repetidamente entre las manos.

Alejandrito: su color es violeta verdoso transparente con rayos azules o amarillosos en su interior. Atrae el amor, la buena suerte y establece conexión con fuerzas superiores. También desarrolla los poderes psíquicos.

Amazonito: es una piedra sólida, no cristalina, de color azul agua claro con inclusiones blancas. Es excelente para las comunicaciones, atrae la amistad, y la creatividad. Ayuda a curar enfermedades de la garganta, la tiroides y el sistema nervioso.

Ámbar: es una resina formada de la savia cristalizada de árboles a través de millones de años. Da poder, sabiduría, y es excelente para atraer el amor y el dinero, sobre todo en combinación con el jade o la aventurina. Existe ámbar amarillo, rojo y verdoso. Puede ser claro o con inclusiones de yerbas en su interior.

Amatista: su color es violeta. Es una de las piedras más místicas que existen. Ayuda a desarrollar la telepatía, la intuición y la clarividencia. Es también muy utilizada en magias amorosas. Si se coloca en licor y luego se toma el líquido, ayuda a controlar el vicio de la bebida. También ayuda a controlar otras adicciones como drogas, el exceso en la comida, y los excesos sexuales.

Angelito: una de las piedras que se utilizan para contactar al ángel guardián si se coloca sobre la garganta antes de dormir por media hora. Es de color azul claro con manchas blancas como pequeñas nubes.

Apache, lágrimas de: una piedra negra translúcida de la familia del obsidio. Se usa en magias amorosas para hacer "llorar" de amor a un amante infiel. Pero también es excelente para calmar la depresión, sobre todo en pérdidas de seres familiares.

Aqua aura: es una piedra azul agua transparente excelente en meditaciones y para atraer el amor y la paz.

Aquamarina: pertenece a la familia del berilio. Es azul agua translúcida y excelente para el amor, la paz y la prosperidad. Ayuda en la curación de enfermedades del corazón y del sistema inmunológico.

Aventurina: es de color verde oscuro, de la familia de los cuarzos. Calma las emociones, quita el miedo y tranquiliza a quien la carga. Es especialmente utilizada para atraer suerte en los negocios.

Azabache: de color negro sin brillo, esta piedra se usa para rechazar el mal de ojo, los hechizos y como protección contra vibraciones negativas. En combinación con el coral es muy popular en la protección de los niños, sobre todo en la forma de la ficca mágica o mano de azabache. La ficca se forma colocando el dedo pulgar entre el dedo índice y el dedo del corazón y se usa como sustituto para formar el círculo mágico cuando el brujo no tiene su athame o varita mágica consigo.

Azurito: es de color azul oscuro, rocosa brillante y con tonalidades violetas. Ayuda a abrir el tercer ojo, localizado en el entrecejo, y da poderes psíquicos. Ayuda en problemas de sinusitis y del sistema nervioso.

Piedra de la Luna: es la piedra conocido como feldito y se encuentra en la Luna en grandes cantidades al igual que en la tierra. Su color es crema nacarado con tonalidades grisáceas. Se usa en muchas de las magias asociadas con la Luna, especialmente el Néctar de Levanah. También se usa para traer a una persona que se ha marchado o para tener noticias de personas que viven lejos.

Piedra de oro o del Sol: es una piedra transparente amarilla/naranja con muchos puntos dorados en su interior. Es excelente en magias para el dinero.

Piedra de la sangre: es verde con puntos rojos. Está asociada con el signo de Aries y es excelente para ayudar a curar enfermedades de la sangre y de la circulación. Es muy usada en magias para atraer el dinero. Es electromagnética y da grandes energías a quienes la cargan encima.

Piedras Boji: son de hierro y magnetito y se usan en parejas. Deben colocarse donde les dé el Sol de vez en cuando para multiplicar sus energías. Calman los dolores si se toman una en cada mano. Balancean el campo energético del cuerpo.

Piedra de leopardo: esta piedra tiene manchas castañas que la semejan a la piel de este gran felino. Se usa en forma ovalada, conocida como huevo de leopardo, en magias de amarre cuando un marido tiene una amante o pasa mucho tiempo en la calle.

Calcito: su color más común es el amarillo pero también existen en naranja, verde, blanco, azul y verde. Limpia el cuerpo de toxinas y da vitalidad al organismo. También ayuda a sanar enfermedades de los huesos y de la espina dorsal.

Carborundrum: esta bellísima piedra negra de tonos tornasolados sólo existe en el espacio. Fue creada por coincidencia en el laboratorio por un científico que estaba tratando de producir diamantes del carbón. Por esta razón el carborundrum es primo hermano del diamante. Es la piedra más poderosa que existe para atraer la riqueza, la abundancia y la prosperidad en grandes cantidades.

Carnelia: es de color naranja brillante, de la familia del jasper, y es excelente para estimular la pasión, el amor, y las relaciones sexuales. También abre el apetito y ayuda en la digestión. Ayuda a aliviar enfermedades del sistema reproductivo y calma los dolores menstruales.

Celestita: es de color azul claro, cristalina rocosa. Es una de las piedras más altamente asociadas con el desarrollo de la espiritualidad, trae serenidad, paz y elimina las preocupaciones.

Crysocola: es de color azul agua brillante mezclado con verde brillante. Es una de las piedras más poderosas que existen para atraer el amor entre dos personas ya que promociona el perdón de las ofensas, reuniendo a amantes separados.

Citrina: es de la familia del cuarzo, de color amarillo castaño cristalino. Es excelente para magias de dinero y si se tienen pedazos grandes de esta piedra en el hogar o el negocio, asegura prosperidad, riquezas y abundancia. También multiplica la fuerza de voluntad y reduce la ansiedad, los temores y aclara la memoria.

Coral: su color es rojo naranja, pero también existe en rosado, blanco y negro. Es una entidad viva cuando se encuentra en el mar, y es maravilloso en magias del amor.

Cuarzo blanco: la más popular de todas las piedras, es de color claro transparente y se conoce también como cristal de roca. Es altamente magnético y de gran resonancia por lo cual se usa en computadoras, radios, relojes, telescopios y transmisiones interestelares y toda tecnología. Debido a que graba y recoge todo tipo de vibraciones, es necesario purificarlo antes de usarlo en la magia o en meditaciones. Se purifica colocándolo en una solución de agua con sal de mar por 24 horas y luego se enjuaga y se coloca al Sol por un mínimo de 6 horas para reenergizarlo. Se usa en meditaciones sobre la frente o entre las manos, en bolsitas para atraer el amor o el dinero, en curaciones, y en visualizaciones. Se puede programar colocándolo sobre el entrecejo y expresando en voz alta lo que se desea lograr a través de él. El cuarzo blanco viene en puntas simples o en puntas múltiples, pulido o sin pulir. Tiene 6 facetas naturales y existen varios tipos como el cuarzo de río; el cuarzo fantasma, que tiene sombras en su interior; el cuarzo rutilado que tiene fibras doradas; y el cuarzo ahumado que tiene tonalidades grisáceas. Muchas otras piedras crecen adentro de matrices de cuarzo, como la pirita, maravillosa para el dinero, y la turmalina verde, también excelente para el dinero y la prosperidad. El agua de cristal, que es milagrosa en todo tipo de enfermedades, se prepara colocando un cuarzo blanco de punta fina, transparente, de una o dos pulgadas de largo, limpio y programado para la salud, en una copita de agua pura. Se deja por 24 horas y al otro día se toma en ayunas. Esto se repite a diario y es fabuloso en todo tipo de curaciones.

Cuarzo rosa: de color rosa claro este cuarzo es maravilloso en toda magia amorosa. Si se usa en forma de corazón sobre el pecho ayuda en la curación de enfermedades del corazón.

Desierto, rosa del: es de color blanco con marcas castaño o crema y se forma en grupos que parecen manojos de rosas. Trae la paz entre los amantes y en el matrimonio.

Diamante: considerada la más preciosa de todas las piedras, es de color brillante cristalino, aunque hay diamantes amarillos y azules. El diamante Herkimer es muy usado en la magia debido a su bajo costo. Esta piedra trae el dinero y la prosperidad a su dueño. Las joyas de diamantes deben ser regaladas. Si se compran, traen mala suerte al que la usa. Da paz, confianza propia y seguridad personal.

Esmeralda: de color verde profundo, es asociada con el signo Tauro y el planeta Venus. La esmeralda atrae el amor y el dinero y la felicidad al que la lleva consigo, sobre todo si no es pulida y si se usa junto con una chapa de cobre, el metal de Tauro y de Venus.

Fluorito: esta piedra cristalina es de color verdoso y violeta. Es excelente para atraer el amor y se usa sobre el pecho para ayuda en enfermedades del corazón.

Granate: es de color rojo oscuro y asociada con los signos de Capricornio y de Escorpión. Da balance, poder y gran energía cósmica, atrae al amor y la pasión entre amantes.

Hematita: color negro/gris plateado. Es una piedra magnética, asociada con el signo de Capricornio y es excelente para asuntos de negocios, de herencias y de dinero y para destruir hechizos y vibraciones negativas. También ayuda a dar balance y energía al cuerpo. Si se rodea de imanes, éstos se pegan a la hematita debido a su magnetismo. Se usa en collares, pulseras y tobilleras para protección contra enemigos y peligros.

Jade: una de las piedras más místicas que existen. Su color más conocido es el verde claro, pero también existe en color rosa, blanco y negro. El jade unido al ámbar es excelente para atraer el dinero y la prosperidad. Se dice también que el jade prolonga la vida. Si se coloca adentro de la almohada da sueños proféticos.

Jasper: es de la familia de la calcedonia, una forma de cuarzo. Existe en tonos amarillo, naranja, castaño y verde. Se usa para ayuda en curaciones de la vesícula, del estómago y los intestinos. Da gran balance y vida larga.

Kunzito: de color rosa claro. Es una piedra de gran poder que es usada por personas que curan a través de las manos. Da amor incondicional, nutre el sistema nervioso y atrae la paz y la espiritualidad a quien lo usa.

Labradorito: color verde tornasolado. En tonos más oscuros se conoce como espectrolito. Es especialmente efectivo para conseguir empleo y aumentos.

Lapedolito: esta es una piedra de mica color rosado con fibras grisáceas en su interior que asemeja la carne. Es maravilloso para ayuda en curaciones de todo tipo de enfermedades, incluyendo el cáncer, si se frota sobre el área afectada a diario.

Lapislázuli: esta bella piedra azul brillante contiene fibras doradas de pirita en su interior. Era la piedra preferida por los faraones de Egipto debido a su gran poder místico. Es asociado con Sagitario y se usa sobre el entrecejo para abrir el tercer ojo y en magias para atraer el dinero en grandes cantidades. El lapislázuli unido al carborundrum sobre un caracol de abalone traen riquezas y la abundancia a un hogar.

Malaquita: de verde oscuro brillante, tiene círculos concéntricos en su interior. Es estupenda para atraer el dinero y la buena suerte. También da gran protección a los niños si se coloca debajo del colchón de sus cunas o camas.

Moldavito: un tipo de meteorito de color verde claro semitransparente. Es una de las piedras más poderosas que existen para contactar esferas superiores si se coloca sobre la frente durante meditaciones.

Meteorito: existen varios tipos, como el moldavito, y también tectitos que son livianos, negros y derretidos por el impacto de su descenso a la tierra. Los meteoritos de metal son de hierro sólido y muy pesados. Todos los meteoritos se usan en magias transcendentales para contactar fuerzas superiores y desarrollar el tercer ojo y poderes psíquicos.

Obsidio: una de las piedras asociadas con Capricornio, es excelente para atraer el dinero, para protección y para dar fuerza de voluntad y balance al cuerpo. Protege contra hechizos, vibraciones negativas y da alivio en el dolor. Es de color negro con tonos tornasolados verdosos en su interior.

Onyx: de color negro brillante, esta piedra es excelente para neutralizar el mal, y para atraer gran poder mágico a quien lo usa. Protege contra hechizos y maldiciones y espíritus oscuros.

Ópalo: esta piedra preciosa es de color blanco lechoso con tonos iridiscentes en su interior. Se asocia con el signo de Libra quien es el único que puede usarla en joyas. Otros signos que usan el ópalo en joyas atraen hacia sí sufrimientos y sinsabores. El ópalo es excelente en magias para el amor, ya que Libra es regido, al igual que Tauro, por el planeta Venus. El ópalo de fuego, especialmente, es maravilloso para reunir amantes separados.

189

Peridot: de color verde claro cristalino, esta piedra está asociada con el signo de Leo. Da gran protección al que la usa y atrae el dinero y la abundancia.

Pirita: de forma rocosa y de color dorado, esta piedra metálica era conocida en el siglo pasado como oropel u oro falso. Es la piedra principal para atraer el dinero y la prosperidad y se usa en una gran cantidad de magias, incluyendo bolsitas de resguardo.

Rodocrosito: de color rosado con círculos y diseños rojizos en su interior, esta bella piedra es estupenda para toda magia amorosa ya que trae la fidelidad entre amantes y hace al amor duradero.

Rubí: de color rojo rosado, esta hermosa piedra está asociada con Aries y Leo. Se usa en magias amorosas y da gran poder psíquico al que la usa. Promueve la buena suerte en juegos de azar y atrae la prosperidad y la abundancia. Si se usa en forma de piedra sólida sin pulir, es excelente en resguardos amorosos.

Selenito: asociada con la Luna y el signo de Cáncer, esta bella piedra blanca semitransparente, es maravillosa para conectar con las fuerzas lunares. Los espejos de selenito son pedazos rectangulares de esta piedra los cuales se usan para observar la Luna Llena a través de su interior y de esta manera adivinar el futuro. Cargada en resguardos amorosos asegura la fidelidad del amante o cónyuge.

Sodalito: de color azul profundo esta piedra está asociada con Sagitario. Ayuda a desarrollar poderes psíquicos si se usa sobre el entrecejo. También atrae la prosperidad y la abundancia, sobre todo si se usa en combinación con el lapislázuli.

Sugilito: de color violeta con franjas negras o blancas, esta es la piedra maestra. Muy difícil de conseguir, ya que sólo se encuentra en una pequeña mina en África, se usa para conectar el poder de otras piedras, las cuales magnifica. Sobre la garganta, sirve para contactar al ángel guardián.

Tigre, ojo de: asociada con el signo de Leo, esta es una piedra anaranjada con rayas atornasoladas del mismo color. Es excelente para atraer el dinero en bolsitas de resguardos.

Topacio: asociada con los signos de Escorpión y de Leo, esta es una excelente piedra para atraer el dinero, el amor y la prosperidad. Trae el triunfo en todas las empresas, sobre todo si se usa en su forma natural, sin pulir.

Turmalina: una de las piedras más mágicas y de más poder que existen, se usa en todo tipo de magias para multiplicar el poder del trabajo. Es especialmente apreciada por su habilidad de conectar con fuerzas superiores. La más común es la turmalina negra, pero también existe en verde y color melón o rosado. La turmalina de melón es la más valiosa y la más cara y también la más poderosa de todas. Estimula y desarrolla todas las chakras.

Cargar una turmalina de melón en una bolsita verde asegura dinero continuo a su dueño.

191

Turquesa: de color azul agua brillante, ésta es la piedra tradicional de Sagitario. Trae el amor, la prosperidad y la abundancia y protege contra todo peligro. También desarrolla los poderes psíquicos. Es la piedra preferida por el indio norteamericano por sus grandes poderes místicos. Las joyas de turquesa son excelentes para la suerte y el triunfo en toda empresa. Debe ser montada en plata.

Zafiro: de color azul profundo, ésta es la piedra más espiritual que existe. Se dice que sobre el torno de Dios hay un inmenso zafiro, lo que hace esta piedra muy poderosa. El zafiro en joyas trae suerte, dinero y amor a su dueño y protección contra todo mal.

Las piedras se usan en combinaciones en resguardos y todo tipo de magias. Se les añaden yerbas y otras sustancias mágicas para multiplicar su poder. Con esta lista de piedras, otras listas de yerbas y otras sustancias que ya he dado en el libro, el lector puede preparar sus propios resguardos y magias, de acuerdo a su necesidad o deseo.

HECHIZOS Y RITUALES

La mayor parte de los rituales de los brujos son llevados a cabo durante sus sabats o festivales anuales o durante los esbats. Las fases de la Luna son siempre observados cuidadosamente durante todo ritual o ceremonia. El día preferido para ceremonias importantes es el día de la Luna Llena. La Luna Menguante es utilizada para ritos de despojos, para deshacer hechizos o para poner a un enemigo en su lugar. La Luna Creciente es utilizada en rituales o hechizos de magia positiva, para atraer el amor, el dinero o cualquier cosa importante que el brujo pueda desear. Un brujo jamás llevará a cabo un ritual o magia positiva durante la Luna Menguante. Las aspectaciones entre planetas y los signos donde está el Sol de mes en mes son también tomados en consideración. El elemento que rige cada ritual también es de gran importancia. Los brujos trabajan a menudo con elementales o entidades que pertenecen a un elemento en particular como ya hemos visto. Una de las formas que usan para contactar a los elementales es el baile ritual. Los bailes o danzas rituales son muy efectivos para crear grandes cantidades de energía que luego son utilizadas en el hechizo o ceremonia. Por ejemplo, para activar sus energías cósmicas, el brujo lleva a cabo una danza ritualística con música de tambores o música agitada. Mientras baila desenfrenadamente, visualiza su aura llenándose de gran energía vital. Cuando considera que ha acumulado suficiente energía a través del baile, procede a utilizarla, enviándola mentalmente a la magia que desea llevar a cabo. También puede enviar esta energía a un individuo en particular de quien desea algo en específico. Esto se lleva a cabo enviando junto con la energía un mandato mental a esa persona.

Una vez que el brujo se ha cerciorado de que la Luna, el signo zodiacal y las aspectaciones entre planetas son auspiciosas para la magia que desea llevar a cabo, procede con su rito o hechizo. A continuación, varios de los rituales o hechizos usados por los brujos.

El ritual del espejo y el cepillo

Este ritual es hecho por las brujas especialmente para adquirir poder y luego dirigirlo a lo que desea obtener. Comienza vistiendo una túnica del color adecuado. Apaga las luces de la habitación y enciende una vela del color que corresponde a la magia que desea llevar a cabo. Por ejemplo, verde para el dinero, amarillo para la salud, rojo para el amor o el matrimonio, azul para triunfo en toda empresa. La bruja quema incienso adecuado al ritual y se sienta frente a la vela. Detrás de la vela coloca un espejo redondo donde pueda ver su imagen. Mientras contempla su rostro en el espejo, procede a cepillarse el pelo una y otra vez. Mientras se cepilla el pelo, dice lo siguiente:

Hechizos y rituales

"Oh Señora de belleza trascendental,
para quien las estrellas son sus más bellas joyas
y el universo su creación y deleite.
Tu que entretejes los destinos humanos
y proteges todo lo que es libre y salvaje
Hazme ahora, te suplico úneme contigo
y concédeme tu maravilloso poder
concede esto a esta tu bruja y sacerdotisa.
Dame fuerza interna y externa,
eterna como el mar sin límites.
Dame la paz profunda de mi poder
para que todos lleven a cabo mis deseos
y el viento, el agua y el fuego
y las mismas montañas
se inclinen a mí.
Dame a mí que pertenezco a la sabiduría antigua
la sabiduría de todos los tiempos,
el conocimiento de la luz y de la oscuridad.
Dame belleza cada vez más perfecta
y el poder de seducción
para que pueda reflejarte a ti en mí cada vez mejor.
Crea magia en mí,
crea poder en mí".

Estas últimas dos peticiones son repetidas una y otra vez: *Crea magia en mí, Crea poder en mí*, mientras continua cepillando su cabello. Esto se repite por largo tiempo mientras la bruja siente cómo la magia y el poder de la Diosa Blanca crecen en ella. Cuando ha juzgado que ha acumulado la energía necesaria, concentra toda su fuerza en lo que desea obtener, inhala profundamente y exhala el aire sobre la llama de la vela apagándola. En este momento, lo que ha pedido es concedido. Naturalmente, es importante que la Luna esté creciente y si está llena mejor.

El eslabón mágico

Las brujas creen firmemente en el poder de objetos que han estado en contacto con una persona o que están asociados con ésta de alguna manera. Esto se conoce como magia de contacto o magia simpatética. Por ejemplo, un artículo de ropa usado, un pañuelo, el sudor, la saliva, el semen de un hombre, recortes de uñas, el pelo, la sangre y las pisadas que ha dejado una persona en la tierra pueden ser utilizados para influir en ésta por medio de la magia. Esto es lo que se conoce como el eslabón mágico. Si no se tiene ninguna de estas cosas, se puede usar su nombre de pila, su fecha de nacimiento, su número natal, su signo zodiacal y las yerbas, inciensos y colores que le corresponden. Esto es de gran ayuda para llevar a cabo un hechizo efectivo dirigido a una persona.

Para obtener el amor de un hombre

Un hechizo de amor dirigido a un hombre deseado por la bruja puede ser hecho de muchas formas. Por ejemplo, si se obtiene un mechón de pelo del hombre o varios cabellos de este, se unen con un mechón de pelo de la bruja, se amarran con una cinta roja y se pasan por un incienso de amor como los que he dado anteriormente. Un incienso amoroso muy popular se prepara uniendo canela en polvo con almizcle, lirio de florencia en polvo, civet y ambergris. Esta mezcla se quema sobre un carboncito encendido y se dice que así estén unidos en amor y deseo estas dos personas. Los cabellos atados se meten en una bolsita roja con un cuarzo rosa y una piedra imán y se cargan sobre el pecho durante 7 días. Al séptimo día se procura tocar a la persona deseada. Una vez que la persona ha sido tocada por la bruja, cae bajo su poder de inmediato. Esa noche a la medianoche, se queman los cabellos en la llama de una vela roja. Las cenizas se ponen en contacto de alguna forma con la piel de la persona deseada o se dejan caer donde ésta las pise. El cuarzo rosa se carga siempre encima.

Para que un esposo permanezca en casa

Otro hechizo para el amor que se hace para evitar que un marido salga mucho a la calle, utiliza las plantillas de un par de sus zapatos viejos. Las dos plantillas se frotan con un poco de miel y aceite de canela y se clavan en el piso del armario donde la esposa guarda sus ropas. Encima de las plantillas se colocan unos zapatos viejos de ella y nunca se mueven de ahí.

Esto coloca al marido bajo el poder de su esposa de forma muy efectiva.

197

Para atraer el amor de un hombre indiferente

Cuando un hombre está frío y distante, las brujas recomiendan hacer uso de su semen, el cual es recogido con cuidado en un pedazo de algodón. Se llena un platito con aceite de oliva, se le añade una gota de sangre del dedo del corazón de la esposa, polvo imán, polvo de almizcle, polvo sangre de dragón y una pizca de pimienta roja. Encima del aceite se coloca una mechita formada con el algodón, la cual se enciende una hora diaria durante 7 días, añadiendo más aceite si es necesario. Este es uno de los hechizos más potentes que existen para atraer a un hombre según las brujas.

Para enfriar unas relaciones amorosas

Para enfriar unas relaciones amorosas entre dos amantes, se escriben los nombres en dos pedacitos de papel sin raya y se meten en el centro de un limón verde cortado en cuatro partes. El limón se vuelve a unir con 49 alfileres nuevos y se mete adentro de un frasquito con amoniaco, asafétida, valeriana y pimienta negra. Se tapa bien el frasquito y se mete en el hielo de la refrigeradora. Esto debe hacerse en Luna Menguante para que sea efectivo.

Para conseguir un préstamo

Ni las instituciones grandes escapan al poder del brujo. Por ejemplo, si un brujo desea obtener un préstamo de un banco, consigue un papel cualquiera que tenga el nombre del banco y que puede encontrar fácilmente en el mismo banco. Lo lleva a su casa y lo coloca sobre un paño azul, el color del triunfo y la prosperidad. Encima le coloca una vela azul frotada con aceite de oliva hervido con laurel, canela y manzanilla. Rodea el papel con un círculo de azúcar y 21 monedas que ha obtenido del banco. Enciende incienso de prosperidad y lo pasa sobre la vela. Coloca las manos a cada lado de la vela y comienza a encantarla con las siguientes palabras:

> *Por el poder del fuego y de la Diosa Blanca.*
> *El dinero viene a mí sin problema ni tardanza.*
> *Este banco me concede el préstamo que deseo.*
> *Con 3 amarres lo hago, con 3 amarres lo veo.*

Estas palabras son repetidas 3 veces y de inmediato el brujo apaga la vela de un soplo y le hace 3 nudos al pañuelo con la vela, el azúcar y las 21 monedas adentro. Pasa el pañuelo amarrado por el incienso de nuevo y lo guarda en un lugar seguro. Este hechizo es de gran poder para conseguir préstamos de instituciones bancarias y debe ser hecho en Luna Creciente y preferiblemente en Luna Llena.

Estos son ejemplos de hechizos llevados a cabo con un eslabón mágico pero los brujos también hacen magias de gran poder sin el uso del eslabón.

Una de las sustancias más apreciadas por el brujo y utilizada en sus más poderosas magias es el fluido condensador.

Fluido condensador

La fórmula de este poderoso líquido fue dada por primera vez por un gran mago alemán conocido como Franz Bardon. La famosa bruja inglesa Sybil Leek lo recomendaba mucho y dio también la fórmula en uno de sus libros.

Para preparar el fluido condensador, se comienza hirviendo un puñado de flores de manzanilla en un galón de agua. El recipiente debe estar tapado para que no se pierda nada del líquido a través de la evaporación. El agua se deja hervir por 20 minutos y luego se cuela el líquido usando un pedazo de lino fino. El líquido colado se regresa al recipiente y se deja hervir por 20 minutos más. Se deja refrescar y se le añade la misma cantidad de alcohol. Inmediatamente se le añaden 10 gotas de tintura de oro y una gota de sangre de la persona. El líquido se coloca en una botella oscura, se tapa bien y se guarda en un lugar donde no le dé el Sol hasta que vaya a usarse.

La tintura de oro no es difícil de conseguir. Se prepara diluyendo un gramo de cloruro de oro en 20 gramos de agua destilada. El cloruro de oro se puede conseguir en laboratorios químicos o en laboratorios fotográficos, ya que este líquido se usa en papel de fotografía.

Una vez que el fluido condensador está preparado puede usarse de cuatro distintas formas, usando los cuatro elementos. Cuando se usa con el elemento aire, la influencia mágica es a través de la evaporización. En el elemento fuego, se usa la combustión. En el elemento agua, se usa la mezcla líquida. Y en el elemento tierra se usa la descomposición.

El fluido condensador funciona de una manera tan rápida que es simplemente asombroso. Una vez en Viena, dos amigos vieneses y yo decidimos utilizar el elemento aire con el fluido condensador para hacer que alguien viniera a nosotros.

Para hacer esto llenamos un pequeño caldero con un poco de agua y le añadimos diez gotas del fluido condensador. Como el elemento aire funciona a través de la evaporización, colocamos el caldero sobre un fogoncito de gas de los que se usan en campamentos y que son fáciles de conseguir. Unimos las manos sobre el líquido del caldero, y comenzamos a llamar a la persona mentalmente a que viniera. De pronto, en el medio del agua comenzamos a ver pequeños relámpagos que se cruzaban de un lado a otro adentro del caldero. Nos miramos asombrados, pero continuamos concentrándonos en la persona. De repente tocaron en la puerta.

Yo me levanté a abrir y cual no sería mi sorpresa al ver a la persona que estábamos invocando parado frente a mí. Mientras yo entretenía a esta persona en la puerta, mis dos amigos se apresuraron a recoger el caldero, apagar el fogoncito y guardar todos los implementos mágicos. No pasaron más de 10 minutos desde el momento en que empezamos la invocación con el fluido condensador hasta la llegada a nosotros de la persona que estábamos llamando. Este es un ejemplo extraordinario del uso del fluido condensador a través del elemento aire. En este caso fueron tres personas las que llevamos a cabo el ritual mágico, pero una persona sola también puede hacerlo con los mismos resultados.

Para usar el fluido condensador usando el elemento fuego, se escribe lo que se desea con lápiz en un pedazo de pergamino virgen y se humedece bien en el fluido condensador. Se deja secar y luego se quema en la llama de una vela roja visualizando que lo que se ha pedido y ya ha sido realizado. Es importante recordar que estos son rituales mágicos de gran poder. Antes de llevarlos a cabo se debe proteger el recinto haciendo un círculo mágico con el athame o con la ficca, que se forma metiendo el dedo pulgar entre los dedos índice y del corazón y cerrando bien la mano. La ficca es muy poderosa y se usa cuando no hay un athame o varita mágica a la disposición del brujo. También debe quemarse incienso del elemento que se está usando y la Luna debe estar creciente.

Para usar el fluido condensador en el elemento agua, se llena una fuentecita con agua de manantial o agua destilada y se le añaden diez gotas del fluido condensador. Se visualiza lo que se desea conseguir con mucha fuerza por varios minutos. Luego el agua se mete en una botellita nueva y se vacía en un río o en agua que corra. Este es el método más popular que se usa en magias amorosas.

Para usar el fluido condensador en el elemento tierra, se ahueca una manzana y se le echan 10 gotas de fluido condensador adentro. Se visualiza fuertemente lo que se anhela conseguir y de inmediato se entierra la manzana en la tierra. Este método se usa más comúnmente cuando se desea influir en una persona a distancia.

Los brujos tienen otros rituales y hechizos más sencillos pero no tan potentes como el fluido condensador.

Para separar a un hombre de una rival

Un hechizo amoroso muy sencillo y efectivo se hace cortando un corazón de un pedazo de terciopelo rojo. El corazón debe tener un máximo de 5 pulgadas de ancho. Tan pronto está cortado se atraviesa con 3 alfileres nuevos diciendo mentalmente que así está atravesado de amor el corazón de esa persona por quien hace el hechizo. Encima del corazón se riegan 3 pizcas de polvo sangre de dragón. De inmediato se quema el corazón en un caldero donde esté quemando un fuego bien ardiente y al cual se le han echado 3 hojas de laurel. Este hechizo se hace especialmente para que un amante o esposo que se ha ido con otra mujer regrese a quien hace el trabajo mágico. Es importante mencionar el nombre de la rival mientras quema el corazón y pedir el regreso inmediato del hombre amado.

Pócimas y comidas amorosas

Las pócimas o comidas amorosas son también muy populares en Wicca y un ingrediente muy usado en este tipo de magia es el comino. Las brujas dicen que una pizca de comino en un vaso de vino rojo es infalible para conquistar el amor de una persona. Para evitar que el comino se vea, se puede colocar en la botella de vino y luego ofrecerle una copa a la persona que no va a notar nada raro en la bebida.

Algo que no es muy higiénico ni recomendable pero que también es popular en la magia amorosa de las brujas es pasarse un pedazo de carne de res por el cuerpo bien sudado y luego aderezarla y darla de comer a la persona amada.

El ritual del deseo

El ritual del deseo es muy popular en Wicca y usado por muchos brujos y brujas. Primero se hace el círculo mágico con el athame o la ficca.

La persona debe haberse aseado y purificado de antemano. Se invocan los guardianes de las 4 atalayas en el Este, el Sur, el Oeste y el Norte y se pide su protección. Los brujos trabajan sus magias en el Norte y por esta razón la persona debe enfrentar este punto cardinal al hacer este ritual. Se apagan las luces y se enciende una vela roja en el centro de la habitación. Frente a la vela se coloca un platito blanco con unas gotas de agua. Encima se le coloca algo de oro como una sortija. Se escribe el deseo en un pedazo de papel de pergamino y se toma en la mano izquierda. Se coge un puñado de sal en la mano derecha y se coloca el papel en el platito. Mientras se repite el deseo en voz alta, se va echando poco a poco la sal sobre el papel. De inmediato se coge el papel con la mano izquierda de nuevo y se quema en la llama de la vela roja. Luego se tiran las cenizas con la sal y el agua en la tierra. La vela se deja quemar del todo. Se dan las gracias a los señores de las atalayas y se forma el círculo de nuevo con el athame o la ficca diciendo: este círculo está desvanecido. Este es el final del ritual el cual se puede utilizar para cualquier cosa que la persona desee obtener. En casos de curaciones, si lo que se desea es salud, la vela debe ser amarilla.

Amarre para el amor o el dinero

Los brujos amarran las velas cuando desean conseguir algo especial. Un hechizo de amor muy común se hace frotando una vela roja con aceite de almizcle, que se prepara hirviendo aceite mineral con un puñado de almizcle. Antes de frotar la vela con el aceite, se inscribe el nombre de la persona amada a lo largo de la vela que no debe ser muy gruesa. Se le amarra un cordón rojo en el medio y se enciende visualizando el amor de esa persona haciéndose realidad. Se deja quemar la vela hasta el cordón y se apaga sin soplarla. Al otro día se repite el hechizo con una vela y un cordón nuevo. Esto se continúa haciendo durante 7 días. Luego se entierran los restos de las 7 velas cerca de donde vive la persona o por donde ésta pase a diario. Este mismo hechizo se puede hacer para obtener dinero pero usando una vela y un cordón verde. El aceite que se usa es aceite de laurel, y se prepara hirviendo hojas de laurel en aceite mineral. Al término de los 7 días, se dejan los restos de las 7 velas cerca del banco donde la persona mantiene su cuenta bancaria o en un banco que esté cerca de su casa.

Baño del dinero

Muy poderoso también para atraer dinero es el baño de dinero. Se coloca una moneda de plata en cada uno de los compartimientos de una cuajadera de hielo y se llenan de agua. Se mete la cuajadera en la refrigeradora hasta que el agua en la cuajadera se haya hecho hielo. Se llena la bañera con agua bastante caliente y se le añade 7 gotas de aceite de laurel. Se echan los cubos de hielo en el agua y la persona se mete en la bañera. Mientras los cubos se deshacen en el agua caliente, se visualiza dinero llegando a la persona en grandes cantidades. Se permanece en el agua hasta que ésta empieza a enfriarse. Luego se recogen las monedas y se gastan lo antes posible para que el ritual tenga su efecto de inmediato.

204

Amuleto de poder

Los brujos siempre cargan consigo amuletos y talismanes para protección y poder. Uno de los amuletos de poder más populares se prepara colocando en una bolsita de cuero las siguientes piedras: jade, ojo de tigre, diamante Herkimer y un meteorito. Se le añade un colmillo de tiburón disecado, una piedra imán y una raíz de mandrágora. Esto da poder sobre las personas, las cosas y toda circunstancia. Para energizar este amuleto, el brujo se para en una colina o montículo elevado y enfrenta el Este. Esto se hace al amanecer en Luna Creciente. Levanta la bolsita con su contenido con ambas manos y las ofrece al Ssol naciente. Cierra los ojos y dice:

Aten, regente del firmamento,
por cuyo poder el hombre vive y muere.
Ojo del cielo, Sol candente,
permite que tu voluntad y la mía se cumplan.
Tu y yo somos uno,
Carga este sagrado amuleto con tu fuerza y tu poder.

Una vez que el brujo ha hecho esta invocación, espera un signo de que su petición ha sido concedida. Esto puede ser una brisa que se levanta de pronto, el cantar de un pájaro, el repicar de una campana o cualquier sonido o señal que pueda ser interpretada favorablemente. Cuando ha recibido el signo, se coloca la bolsita al cuello colgada de una tira de piel. Carga el amuleto sobre su persona durante 7 días, quitándoselo sólo para dormir o bañarse. A los 7 días el amuleto está lleno de la energía personal del brujo y nunca debe ser tocado por otra persona. Esta bolsita puede entonces ser cargada en el bolsillo o la cartera. Cuando el brujo necesita o desea algo, simplemente escribe su deseo en un pedazo de papel de pergamino y lo mete en la bolsita por 7 días. Luego lo saca y lo quema en la llama de una vela roja. Lo que ha pedido le será concedido en corto plazo. Este amuleto también protege contra hechizos y maldiciones.

Ritual para rechazar maldiciones o hechizos

Si el brujo quiere asegurarse de que las maldiciones o hechizos de un enemigo no lo tocan, no sólo carga siempre consigo el amuleto de poder sino que también lleva a cabo el ritual para rechazar maldiciones o hechizos.

En el lugar donde lleva a cabo sus magias, traza el círculo mágico en el aire con el athame. Enciende una vela roja y coloca un carboncito en el incensario, añadiendo frankincienso, mirra e hisopo. Echa tres pizcas de sal en el pentáculo y coloca el cáliz o copa de consagrar lleno de agua sobre el altar. Con la punta del athame toca la sal que está en el pentáculo, que simboliza al elemento tierra; luego mete la punta del athame en la copa de agua (elemento agua), la pasa por encima de la llama de la vela (elemento fuego) y sobre el humo del incienso (elemento aire). Repite este procedimiento 3 veces y dice:

Elementos sagrados ayudadme,
de mi enemigo salvadme.
Tierra, agua, fuego y aire,
toda su fuerza quitadle.

Con la punta del athame el brujo traza 3 círculos a su alrededor. El primero lo traza por encima de su cabeza, el segundo a la altura del corazón y el tercero, sobre la tierra. Luego escupe 3 veces en el incensario y dice lo siguiente:

Tu maldición y tu hechizo nada pueden contra mí,
Y todos tus maleficios regresarán hacia ti.
Triplicados cada vez,
esto lo ordena y consigna,
la Diosa y la Ley del Tres.

Después de decir estas palabras el brujo da con el pie 3 veces sobre el piso.

No es necesario pronunciar el nombre del enemigo porque la fuerza del conjuro va dirigida de inmediato a quien hizo el hechizo en contra suya.

Para triunfo en el trabajo o los negocios

Los ingredientes que se usan en este amuleto son una piedra imán, un ágata de encaje, una aventurina, un labradorito, y un poco de telaraña. La telaraña debe ser recogida después que la araña la ha abandonado. La telaraña se usa porque la araña es el símbolo del trabajo. El brujo corta un pedazo de pergamino en forma de círculo y en el centro dibuja su signo zodiacal con tinta verde. Coloca las piedras y la telaraña en el medio del papel y lo amarra con un cordón verde. Pasa el envoltorio por el humo de frankincienso, mirra y laurel y lo esconde en su lugar de trabajo en un sitio donde no sea visible.

El poder de la naturaleza

Los brujos mantienen un contacto sutil pero inquebrantable con las fuerzas de la naturaleza. Sus casas siempre están llenas de plantas y pájaros y animales domésticos. Este contacto es tan fuerte que pueden ocasionar cambios en el tiempo, traer el viento o desvanecerlo, evitar o atraer tempestades. Un brujo con poderes bien desarrollados puede parar la lluvia, atraer relámpagos y truenos, influir en las mareas y determinar el futuro observando los movimientos de las aves y otros animales. El gran poder de los árboles es utilizado continuamente por los brujos. Por ejemplo, recoger 3 piedrecillas de al pié de un árbol grande, preferiblemente un roble o un pino, da poder y fortalece la salud, pero es necesario pedir permiso al árbol antes de coger las piedras y darle las gracias mentalmente por ellas. Estas piedras se cargan sueltas en la cartera o el bolsillo. Abrazar a un árbol y pedirle un poco de su gran energía cura muchas enfermedades, especialmente las jaquecas. Cuando un brujo se siente débil y necesitado de energía coloca su frente sobre el tronco de un árbol fuerte y le pide su bendición, abrazando su tronco con gran amor. Permanece en esta posición por varios minutos hasta que siente su energía revitalizada de nuevo. Esto lo puede tratar el lector en cualquier momento que lo necesite y se convencerá de su gran efectividad.

La naturaleza responde a nuestro cariño y no es necesario ser brujo para establecer un firme eslabón con ella. Basta no ensuciar las aguas ni los parques, darle de comer a los pájaros y los animales que viven en ella, saludar al viento, al Sol y a la Luna y al mar cuando se visite una playa.

Salir al aire libre, abrir los brazos y respirar hondamente mientras se da gracias a la naturaleza por sus muchos dones es uno de los ejercicios más sencillos que se pueden hacer y que más energía proveen.

Petición al mar

Un pequeño ritual que se hace en la playa es muy popular entre los brujos para pedir algo al mar. La persona se quita los zapatos y camina por la playa hasta que encuentre algo que le pertenezca al mar, como un caracol, una piedra, un pedazo de madera, una estrella de mar o un alga marina. Toma el objeto en su mano derecha o izquierda si es zurdo y visualiza fuertemente lo que necesita o desea. Camina hacia el mar y un poco más arriba de donde sube la marea, escribe en la arena húmeda su deseo con el dedo índice. De inmediato tira el objeto al mar de manera que las olas se lo lleven. Cruza ambos brazos sobre el pecho y dice lo siguiente:

> *Madre inmensa, mar divino,*
> *de donde todo procede.*
> *Bendíceme en este instante,*
> *lo que te pido concede.*

Permanece en esta posición mientras espera que las olas suban y borren lo que escribió en la arena. Tan pronto sus palabras han sido borradas, le da las gracias al mar y se regresa a su casa sin mirar hacia atrás.

El poder de las estrellas

La mayor parte de los seres humanos miran al cielo cada noche y admiran la belleza de las estrellas pero ignoran su gran poder. Los brujos saben que cada foco de luz en el firmamento es un Sol o un planeta que está a billones de millas de distancia de nosotros pero que está regido por fuerzas cósmicas de gran poder. Cada uno de estos puntos luminosos está cargado de gran fuerza, la cual es posible utilizar para nuestras necesidades humanas. Una de las formas en que el brujo usa el poder de las estrellas es identificándose con una en particular, la cual escoge cuidadosamente. La Luna debe estar creciente pero no visible en el cielo pues su luz disminuye el brillo de las estrellas. El brujo observa el cielo estrellado por varios minutos hasta que una estrella en particular llama especialmente su atención. Esa pasa a ser su estrella personal. Observa con cuidado su posición en el cielo y observándola fijamente dice lo siguiente:

> *Luz brillante, estrella mía,*
> *destellando en mi camino.*
> *Que seas por siempre mi guía,*
> *protegiendo mi destino.*
> *Que el Dios que te dio poderío,*
> *permita que me ilumines.*
> *A mí y todo lo que es mío,*
> *por doquiera que camine.*

El brujo procede a darle un nombre a su estrella, la cual invocará cada vez que esté en apuros o necesite algo especial. Algo que ayuda a contactar a la estrella ya sea de noche o de día es un meteorito, el cual por ser un objeto caído del cielo, tiene una afinidad especial con las estrellas. Para establecer el contacto específico entre la estrella y el meteorito, el brujo toma el meteorito entre las dos manos, lo eleva hacia la estrella y dice:

> *Con tu poder infinito,*
> *energiza el meteorito.*
> *Que éste sea entre tu y yo,*
> *el eslabón que nos una.*
> *Te lo pido por el Sol,*
> *te lo pido por la Luna.*

Una vez dichas estas palabras, el brujo coloca al meteorito en una bolsita azul la cual carga siempre consigo para protección y ayuda. Cuando desea conectar con la energía de su estrella, simplemente saca al meteorito, lo frota entre las manos y hace su petición.

Las runas anglosajonas

En el capítulo 7 discutimos las runas de la Wicca o alfabeto tebano que son usadas por la mayor parte de los brujos modernos para inscribir sus implementos mágicos y comunicarse entre sí. Muchos expertos en Wicca no consideran el alfabeto tebano runas verdaderas, ya que las runas en su mayor parte son formadas por líneas rectas. Hay varios tipos de runas. Entre ellas están las usadas por los países escandinavos, Alemania, Irlanda, Escocia y los países galos y en general por los anglosajones. Los druidas, que eran los sacerdotes de los antiguos celtas también usaban un tipo de runa llamado *Ogham*. Las runas no eran usadas por los antiguos como alfabetos sino más bien como instrumentos de adivinación y en rituales mágicos. Son de gran antigüedad y de gran poder.

Los brujos modernos usan las runas anglosajonas en sus magias, las cuales están basadas en las germánicas o alemanas. El alfabeto tebano, o runas de Wicca, que discutimos anteriormente es usado por muchos practicantes de Wicca como escritura no como implementos mágicos. Para trabajos de magia las runas que se usan son las anglosajonas. En otras palabras, los brujos usan dos clases de runas, las tebanas para inscribir sus implementos mágicos y para escribir, y las anglosajonas para llevar a cabo rituales mágicos. Las runas habladas que se usan durante las ceremonias no son realmente runas sino invocaciones, pero los brujos las llaman runas tradicionalmente, tal vez como símbolo de las runas mágicas que usan en sus rituales.

Hechizos y rituales

Para los antiguos las runas representaban concentraciones de poder. Cada una era un símbolo de una acción o interés humano. Las utilizaban en adivinaciones y para llevar a cabo poderosos rituales y hechizos. En nuestros tiempos modernos aun se utilizan como un sistema de adivinación, el cual es muy exacto y efectivo. También se usan en rituales de magia.

Las runas germánicas o alemanas son las que se usan en adivinaciones y se consiguen fácilmente en tiendas de la nueva era. Se componen de 24 diseños grabados o escritos en piedras de distintas clases. Las más comunes están inscritas en terra cotta o arcilla. Otras están inscritas en piedras semi preciosas como amatista, hematita, piedra de la Luna, cuarzo rosa y otras más. El material en el cual están inscritas no es tan importante como el símbolo y significado de cada runa. En la ilustración verán los diseños de las runas y sus significados más simples. En la adivinación también existe una runa en blanco, que es la runa 25, y que significa el destino. (Ver figura en la página siguiente).

Para adivinar con las runas hay varios métodos. Uno de los más sencillos es mover bien las runas en la bolsa que las contiene, meter la mano en la bolsa y sacar una al azar. Esta runa predice lo que va a suceder en la situación enfrentada por la persona. Es siempre importante en la lectura de las runas y en todo sistema de adivinación, dejar que la intuición guíe a la persona. Esto ayuda grandemente en la interpretación del oráculo. Otra forma de leer las runas es sacar 4 runas de la bolsa y colocarlas en línea recta. La primera runa indica el pasado, la segunda el presente, la tercera el futuro y la cuarta las influencias positivas o negativas alrededor de la persona.

Las runas anglosajonas, usadas en la práctica de la magia, utilizan solo 16 de las 24 runas germánicas.

Las Runas (Adivinación y Magia)

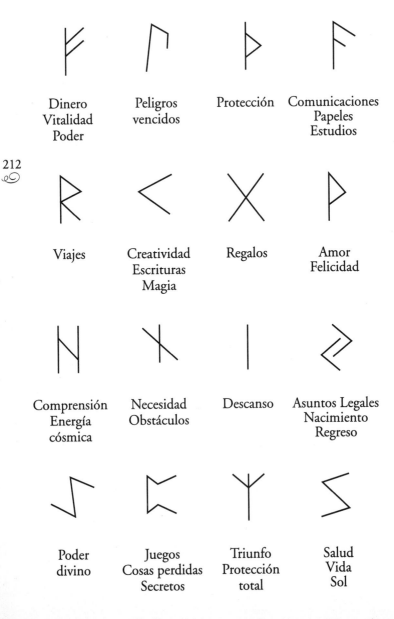

Dinero Vitalidad Poder	Peligros vencidos	Protección	Comunicaciones Papeles Estudios
Viajes	Creatividad Escrituras Magia	Regalos	Amor Felicidad
Comprensión Energía cósmica	Necesidad Obstáculos	Descanso	Asuntos Legales Nacimiento Regreso
Poder divino	Juegos Cosas perdidas Secretos	Triunfo Protección total	Salud Vida Sol

212

Las Runas (Adivinación y Magia)

Batallas
Guerra
Victoria

La madre cósmica
Fertilidad
Niños
Familia

Cambios
positivos

Amistad
Relaciones
públicas

Poderes
Psíquicos
Las artes

Gran poder
Triunfos

Asuntos de
negocios
Claridad
Logros

Pertenencias
Hogar
Herencias

Existen varias formas de usar las runas en rituales mágicos. A continuación varias magias usadas por los brujos a través de las runas.

Para conseguir el amor de una persona

Se inscribe la runa que simboliza amor en una manzana y se le da de comer a la persona amada. Si ésta la acepta y se la come, su amor es asegurado.

Para enviar salud a una persona a distancia

Se escribe la runa de la salud en una pedazo de pergamino virgen. Sobre la runa se escribe el nombre de la persona enferma. El papel se quema en la llama de una vela azul. Las cenizas se echan a volar por una ventana.

Para ganar un caso en la corte

Se inscribe la runa en una piedra de hematita con un clavo. Se pasa por incienso de laurel, mirra y estoraque. Se carga en la mano durante el juicio.

Para ganar en el juego

Se escribe la runa del juego en el dinero que se va a jugar con agua de dinero. El agua de dinero se prepara hirviendo laurel, manzanilla, comino y canela. La runa va a ser invisible pero su poder va a energizar los billetes.

Para conseguir un préstamo de un banco

Se traza la runa del triunfo sobre los papeles de aplicación al préstamo con agua de dinero y se pasa por incienso, mirra y comino. Luego se llena y se entrega al banco.

Para proteger el hogar

Se escribe la runa que simboliza el hogar en un pedazo de tela blanca. Se le coloca encima hisopo, yerbabuena y azúcar y se amarra con una cinta blanca. El envoltorio se coloca cerca de la puerta de entrada donde nadie lo vea o toque.

Para concebir un niño

Se traza la runa de fertilidad sobre el vientre de la mujer con aceite de fertilidad. Este aceite se prepara hirviendo muérdago, mandrágora, raíz Adán y Eva y verbena en aceite mineral. Esto se hace antes de dormir todas las noches hasta concebir.

215

Para conseguir dinero

Se traza la runa del dinero con tinta azul en un billete de alta denominación. Se unge en las esquinas con aceite de pacholí y se gasta de inmediato, pidiendo que regrese a la persona multiplicado por mil.

Para ganar una batalla

Se inscribe la runa de la guerra en una vela roja, se frota con aceite de laurel y se pasa por incienso, mirra y tabonuco. Luego se enciende y se deja quemar del todo visualizando que la batalla ha sido ganada. Esto se repite por 7 noches seguidas a la medianoche.

Para protección durante un viaje

Se traza la runa del viaje en un papel de pergamino con tinta amarilla. Se mete el papel con una pluma en un sobre y se envía al lugar de destinación, a una dirección ficticia.

Para la buena suerte en toda empresa

Se traza la runa del amor en tinta roja en un papel de pergamino. Al lado se traza la runa del triunfo en tinta azul, la runa
del dinero en tinta verde y la runa de la vida en tinta violeta. El
papel se pasa por incienso, mirra y canela. Luego se mete en una
bolsita azul con un ágata, un cuarzo rosa, una pirita y un lapislázuli. Cada piedra representa a una de las runas. La bolsita se
carga siempre en el bolsillo o la cartera.

216

Las runas se pueden usar de muchas formas y la persona
que las usa decide de qué manera las va a usar. Una vez que se
conoce el significado de cada una es posible crear una infinidad de trabajos mágicos con ellas.

Hasta aquí este tratado sobre la magia de Wicca, sus rituales,
hechizos y secretos. El lector es invitado a tratar estas magias
antiguas para su ayuda y protección. No es necesario ser brujo
para hacer uso del gran poder y antigua sabiduría encerrado en
estas páginas. Pero deseo recordarles que toda magia actúa como
un imán y como un eco. Sólo usen estas magias y rituales para
su propio beneficio. Si las usan en contra de otra persona, van a
recibir con toda su fuerza los efectos de la Ley del Tres. Recuer-
den la ley principal de Wicca:

> *Si no haces daño a cualesquiera,*
> *puedes hacer lo que tu quieras.*

EPÍLOGO

M i intención al escribir este libro ha sido, como en todos mis libros, la de instruir al lector sobre la práctica de la magia. Como he explicado en obras anteriores, la magia no es otra cosa que poder mental aplicado conscientemente por una persona para lograr cambios en su vida. Esto puede ser realizado de una infinidad de formas, incluyendo simplemente la fuerza de voluntad de un individuo. Pero debido a que no todo el mundo posee el tesón y la determinación de lograr sus metas por si solo, la práctica de la llamada "magia" ha sido siempre y continúa siendo una de las mejores formas de fortalecer la voluntad y de dirigirla sabiamente. Las prácticas de la religión Wicca, debido a su gran antigüedad y su gran belleza, han sido a través de miles de años una parte intrínseca de la magia alrededor del mundo. Hoy en día existen convenios de brujos en todas partes del globo, desde Japón y Rusia hasta Latino América. Debido a nuestras raíces celtas, heredadas de España, la religión Wicca siempre ha ejercido una fuerte atracción en nuestros países latinoamericanos.

Epílogo

La palabra brujería en Latino América siempre ha tenido una connotación negativa, identificándose más bien con la hechicería o magia negra. Pero en realidad, el verdadero brujo raras veces usa sus conocimientos para hacer daño a alguien u obtener poder sobre los demás. El brujo considera a Wicca como su religión, no como una forma de controlar su medio ambiente. Y en realidad, Wicca es esencialmente una religión, tan vital y sagrada como otras religiones mundiales. Como toda religión tiene sus deidades, su mitología, sus credos, sus reglas y mandamientos, sus sacerdotes, sus días sagrados, sus prácticas y su fe. Su base fundamental es la naturaleza y todas sus leyes. Por esta razón los practicantes de Wicca protegen a todas las criaturas de la naturaleza, a las cuales consideran sus hermanos. El brujo mantiene una continua identificación con la flora, la fauna, las aguas, los vientos y todo fenómeno natural. Su creencia total en el alma de las cosas le permite establecer contactos sutiles de gran poder con todo lo que existe y la naturaleza se inclina a él para revelarle sus más íntimos secretos. Por esta razón el brujo puede llevar a cabo actos de "magia" que parecen imposibles para personas ajenas a Wicca. Un brujo o bruja bien desarrollado puede parar la lluvia o hacer que llueva, puede levantar vientos o amainarlos o llevar a cabo otras acciones mágicas igualmente sorprendentes. Debido a su gran sensibilidad y espiritualidad, reconoce la existencia de entidades invisibles como hadas, gnomos, ondinas, silfos, salamandras y otras más, las cuales existen en otros planos y dimensiones. Estas criaturas poseen grandes poderes debido a que los planos astrales son la matriz de nuestro mundo material y todo lo que sucede aquí tiene que ser creado primero en planos superiores. El brujo sabe esto y a través de sus contactos con estas entidades astrales, puede lograr transformaciones extraordinarias en su vida diaria. Todo esto es posible debido a su fe en sí mismo y en los poderes de la naturaleza. Cualquier otro ser humano puede lograr lo mismo si recuerda que nada es imposible para el que cree.

El peor enemigo del ser humano es el materialismo. Cuando una persona sólo cree lo que ven sus ojos y las apariencias físicas del mundo que lo rodea se convierte en un esclavo de la materia. Pierde de inmediato el contacto sublime con la verdadera realidad que es el espíritu y está ciego y sordo ante las maravillas que la naturaleza nos ofrece continuamente. No puede percibir el lenguaje de los animales y de las plantas, no sabe que las piedras cantan y que las aguas tienen una inteligencia superior. No sabe que los árboles y las plantas tienen inmensos tesoros a su disposición y que cada hoja es un poema al Creador del universo. Esta es una gran tragedia. Si la humanidad entera se determinara a conocer y a amar a la naturaleza, a buscar a Dios en las criaturas más humildes, hace mucho tiempo hubiéramos descubierto los secretos del universo y viviríamos en paz y armonía como buenos hermanos. Esta es la lección de Wicca. Y si este libro les ha ayudado a comprender parte de sus grandes y profundas enseñanzas, me sentiré ampliamente recompensada.

219

BIBLIOGRAFÍA

Adler, M. *Bringing Down the Moon.* New York, 1980.

Buckland, R. *La verdad sobre la comunicación con los espíritus.* St Paul, MN, Llewellyn en Español, 1999.

———. *Rituales prácticos con velas.* St Paul, MN, Llewellyn en Español, 2001.

———. *Wicca, Prácticas y principios de la brujería.* St Paul, MN, Llewellyn en Español 2001.

Cabot, L. and T. *Cowan, Power of the Witch.* New York, 1990.

Cohen, E. *Hechizos, filtros y conjuros eróticos.* Madrid, 1990.

Cunnigham, S. *¿Qué es la Wicca?.* St Paul, MN, Llewellyn en Español, 2001.

———. *La verdad sobre la brujería.* St Paul, MN, Llewellyn en Español, 1998.

———. *La verdad sobre la magia de las hierbas.* St Paul, MN, Llewellyn en Español, 1998.

Bibliografía

Farrar, S. *What Witches Do*. London, 1983.

Frost, G. and Y. Frost. *The Witch's Bible*. Los Angeles, 1976.

Gardner, G. *Witchcraft Today*. London, 1954.

Gonzalez-Wippler, M. *Amuletos y talismanes*. St Paul, MN, Llewellyn en Español, 2000.

———. *El libro completo de magia, hechizos y ceremonias*. St Paul, MN, Llewellyn en Español, 2001.

———. *La magia de las piedras y los cristales*. St Paul, MN, Llewellyn en Español, 1995.

———. *La magia y tu*. St Paul, MN, Llewellyn en Español, 1995.

Grammary, A. *The Witch's Workbook*. New York, 1973.

Griggs, B. *The Green Witch's Herbal*. London, 1993.

Huebner, L. *Power Through Witchcraft*. New York, 1971.

Kunz, G.F. *The Curious Lore of Precious Stones*. Canada, 1941.

Lady Sheba. *The Grimoire of Lady Sheba*. St Paul, MN, Llewellyn Publications, 1972.

———. Witch. St Paul, 1973.

Leek, S. *Cast Your Own Spell*. New York, 1970.

———. *Diary of a Witch*. New York, 1968.

———. *The Complete Art of Witchcraft*. New York, 1971.

Martello, L. *Witchcraft: The Old Religion*. Secaucus, 1973.

Morrison, S. L. *The Modern Witch's Spellbook*. New York, 1987.

Sanders, A. *The Alex Sanders Lectures*. New York, 1980.

Silbey, U. *The Complete Crystal Guidebook*. New York, 1987.

Bibliografía

Svensson, H. *The Runes.* New York, 1999.

Slater, H. *A Book of Pagan Rituals.* York Beach, 1978.

Valiente, D. *Natural Magic.* London, 1975.

———. *An ABC of Witchcraft Past and Present.* New York, 1973.

Wedeck, H. E. ed. *Treasury of Witchcraft.* New York, 1961.

Worth, V. *The Crone's Book of Words.* St Paul, MN, Llewellyn Publications, 1994.

223